JN239507

Invisible Peoples
世界の少数民族

NATIONAL GEOGRAPHIC

【文・写真】

イアゴ・コラッツァ
グレタ・ローパ

【日本語版監修】

金丸良子
（麗澤大学）

Contents

本書は、世界の少数民族を訪ねて交流した経験から、私たちとは異なる価値観と行動原理に基づいて生きるさまざまな民族の実像を明らかにしようとするものだ。本書には人間味あふれる少数民族の姿と、その魅力が捉えられている。掲載された写真を通して、人類の多様性、言語、宗教を守る採集狩猟民、農耕民、遊牧民の文化を知ることができるだろう。私たちは部外者の立場からではあるが、伝統を守りながらも、時として特別な理由もなしに自分たちの価値観をあっさり変えてしまう社会をいくつも見てきた。本書に示すとおり、古くからの伝統が、広く流布する現在の宗教と融合し、遊牧生活は時代に適合した形に変化している。時には移動手段や仕事さえも大きな変化を遂げることがある。ただし、変わるものがある一方で、現在まで受け継がれた古来の伝統を未来につなごうと、誇りを持って果敢に守り、支えている社会が数多く存在するのも事実だ。

　読者は、本書に掲載された文と写真によって、多様性の大切さに無頓着な政府が文化の同化を推進したり、外部の人間が良かれと思って新しい文化を紹介したりしても、その誘惑に屈することのない、たくましい人々がいることを知るだろう。私たちがカメラを向ける社会は、日々の営みや仕草などから始まって、ありとあらゆることがどのように変わって

いくかを教えてくれる。民族のアイデンティティを
守り、独自性に誇りを持つ上で大切なのは自己認識
だ。私たちを歓迎してくれた人々は決して、今も昔
も、発展や進歩のメカニズムに疎く社会の片隅に追
いやられた遠い過去の残滓でもないし、生きた化石
でもない。彼らに自分たちを卑下するところはない。
自らの文化的アイデンティティに誇りを持ち、それ
を守りたいと考えている。それでも、私たちが彼ら
の家の土を踏み固めただけの床や、キャラバンで一
緒に過ごす間、伝統を捨てさせ、新しい共通のルー
ルを受け入れさせようとするグローバリゼーション
の影響を至るところで目にした。

　世界には常に少数派がいて、多数派の人々に新た
な価値観と出合う機会をもたらしている。少数民族
の小さな社会は私たちの世界全体を映し出す大きな
鏡の一片であり、そこに映し出されるイメージには、
少数民族の特別な鋭い精神が表現されている。この
鏡の輝く表面には、女性の立場や教育水準、さらに
文化的な統合、宗教、言語といった難しいテーマも
映し出されている。この鏡が砕けるようなことが
あったら、こうした問題に取り組む重要な手がかり
も失われることになるだろう。

少数派には多数派の立場を変える力とチャンスがある。
多数派に対して少数派が持つ説得力は、主として、
少数派が揺るぎなく一貫した行動を
取り続けることによってもたらされる。
多数派には、そうした行動を取る人々が
自分たちにはない別の有効な選択肢を
持っているように見えるのだ

セルジュ・モスコビッシ
（社会心理学者）

私たち2人の書斎の壁には大きな世界地図がかかっている。その光沢のある表面には、プラスチック製の押しピンがたくさん刺さっている。それは私たちがこれまでに訪れ、取材し、写真を撮り、何かしらの形で体験した国々を示している。この何の変哲もない押しピンは旅した実績を誇る勲章でもなければ、まだ行っていない場所を確認するためのものでもない。ただ、不安を払いのけたくてやっているにすぎない。地図に色つきのピンが増えるたびに、自分たちの理解はまだ足りないと逆に思い知らされる。遠くの異質な世界と自分のいる場所を比べれば比べるほど、身近だったはずの自分の世界がおぼろげになっていく。見極め、伝え、語るために使う機器が増えるにつれて、私たちの書く記事や撮影する写真が世界の姿を伝える表現力が落ちていくように

思えてくる。2本の軸の間に広げられ、頭の上に吊り下げられた地図は、さまざまな色に色分けされ、多文化主義が世界に広まることを歓迎すべきだと訴えているように見える。だが実際のところ、多文化主義を頻繁に肌身で体験している私たちのような者にとっては、何が正しいのか、その境界線が怪しくなっている。

　私たちには、グローバリゼーションを取り巻くさまざまの問題について、深く議論する資格などないが、アフリカの小さな集落に迎え入れられたときや、秘境の少数民族に会うために中華人民共和国の山道を登っているとき、グローバリズムの影響や兆候を実際に感じることがある。メディアそれ自体や、メディアがもたらす情報の影響について専門的な解説はできないが、無防備にそれらと接触した少数民族

かもしれないと悟った。バッティモによれば、ポストモダンの現代世界は「強い思考」から「弱い思考」への転換を始めているという。撮影した写真に写る人々を愛おしく眺めるとき、私たちは認めなければ

本書に集められた写真や文は、この当惑に対する私たちなりの回答に他ならない。

　少数民族の多くが部外者によって存在を定義されるだけで、自分たちで自己を定義できない場合も多

2-3 顔に模様を描いたスリの女性。

8-9 ラバリ人の家は簡素な泥作りながら、壁はきれいに装飾されている。

い。古くからの生活を守る民族集団は祖先の時代の特徴を今に伝える日課を念仏を唱えるように繰り返しているが、その日課を穢(けが)すような要素を自らの社会に取り込んでしまうことがある。これらの少数民族は、世の中の人にとっては「見えざる人々」かもしれない。しかし私たちにとっては、彼らこそ少数民族の典型だ。自分たちのアイデンティティに、たいていの場合気づいていないからこそ、守られることも、存在を認識されることもほとんどない。政治的な活動や社会的な活動に踏み出していないから、今後もその可能性はないだろう。

　旅で出会った少数民族の社会で、彼らはひたむきに生活を営み、独自の信仰の中で自分たちの先祖を献身的に祭り、ほとんどしゃべることがなくても自分たちの大切な言語をかたくなに守ろうとしてい

た。そのような姿に私たちは魅了され、心を奪われた。さらに同じ国の大半の人々とは違う彼らの食習慣にも興味をそそられた。また彼らが私たちを迎え入れてくれたとき、当初はよそよそしくしていても、やがて現れる古くから続くもてなしの精神には、心に強く訴えるものがあった。実際、わざとらしく自然さを装ったり、型どおりの作法によって受け入れられたことは一度もない。彼らは外部世界をどこか疑っている節があるのを、その眼差しから感じることはあった。信用を得たいという誘惑がある一方で、私たちがなぜ彼らを観察し、なぜそこまで彼らにこだわるのか不安に感じて理由を理解したかったのだろう。

　こうした小さな社会を訪れるたびに魅力的だと思うのは、社会心理学者が世界のあらゆる少数民族に

共通すると考える価値観だろう。それは多数派の社会の常識と異なる考え方を具体化したもので、私たちに新しいパワーをもたらすとともに異なるプロセスや思考を紹介し、時として私たちにはなかった生活様式の実例を示してくれる。乳の搾り方、道具の作り方、子供の育て方、食事の作り方、珍しい髪形を通して、彼らのパワーを見せつけられた。

こうした社会集団のこぢんまりとしたまとまりの良さ、ぶれない生活様式、伝統を守る姿に私たちは絶えず魅了されてきた。地理的に隔絶していたおかげで、他の文化との接触が限られて文化の均質化が起こらず、固有の文化が守られてきたケースもあった。また暴力的で物騒な植民地化や現代化の波に積極的に抗い、自分たちの発祥の地に籠もり、古来の伝統に新しい意味を与え、伝統への誇りを取り戻し

た場合もある。またある種のしぶとさを備える少数民族もいる。彼らは歴史、多数派の文化、消費経済の強烈な力学にさらされてもびくともせず、文化的な汚染や変化にさえも独自の対応策を見出すことができた。

私たちが訪れた見えざる人々は、大体において、将来性、対応力、問題解決能力を示してくれたし、失われた伝統的な生活の痕跡もとどめていた。私たちは、未来は今より良くなるという希望を保つためには、多様性が消えてなくなる恐れのない世界を実現するしかないと考えた。「見えざる人々」との出会いにより、頭上の地図を見上げたときに感じることが変わった。多数派というのは、あくまで相対的なものにすぎないと、古くからの知恵を受け継ぐ人々が思い出させてくれたのだ。

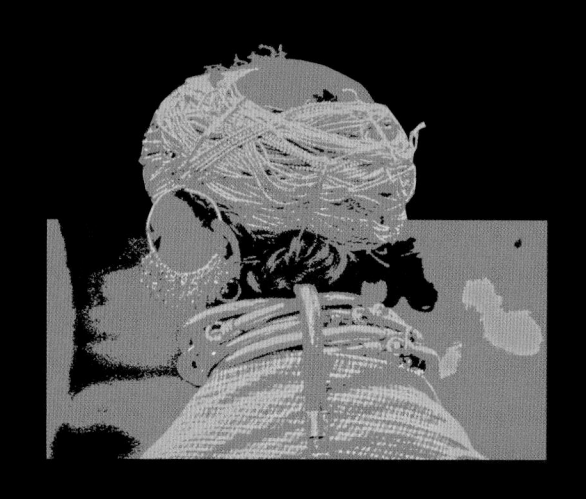

女
性

WOMEN

この本の旅は女性の世界から始まる。それはただの女性社会ではない。どれもひときわ魅力的で、現代の女性の生き方に対する視点や社会における女性のあり方に一石を投じるものばかりだ。知られざる小さな集落を旅する中で、部外者の思い込みも入っているとはいえ、女性の世界を導き、動かすのは、父系社会の男性に抗う女性の権力でなく、社会的な必要性であることを確認した。私たちが訪れた小さな母系制社会の価値観は、社会的正義や富の所有よりも、気配りや共同体の維持が重視されていたようだ。

　中華人民共和国南部で出会ったミャオ（苗）族の女性たちは強烈なインパクトを放つ彫刻のような髪形をしており、女性らしさを祝福する祖先神のように見えた。その長い髪は彼女たちの祖先が将来生まれてくる一族の女性のために残したもので、こうした女性の世界が純粋に美しいことを教えてくれる。打って変わって、インドのオリッサ州で出会ったボンダの女性たちは短気な性格で、魔力のようなものを宿しているといわれていた。彼女たちの間では若年の男子、とりわけ思春期の少年と結婚するのが当たり前になっている。そうすれば夫に先立たれることもなく、子や孫への最大限の支援が保証されるからだ。またナシ（納西）族の一部であるモソ（磨些）人が営む母系制社会では、社会全体で協力して父親を務めることに重きを置き、男性すべてが父親というこの制度がモソ人の社会の基盤となっていることに私たちは興味をそそられた。

　ハニ（哈尼）族の女性たちが享受する自由や放埒さにはいろいろと考えさせられた。ハニ族の社会では、夫と妻が別々に暮らし、女性は誰もが自分の選んだ男性と自由に愛を育み、肉体関係を持つことができる。これとは別の、女性の立場が厳格に守られる社会にも私たちは滞在した。それはイ（彝）族の一部である黒イの女性たちの社会だ。彼女たちは荘厳な伝統的民族衣装で自分たちの血統と祖先をたたえる。

　全体として見ると、時代遅れの女性の世界など、どこにもないことが分かった。私たちは現代のジェンダー観やそれによって正しいとされる生き方に惑わされていたのだ。

長角ミャオ 【中国 貴州省】

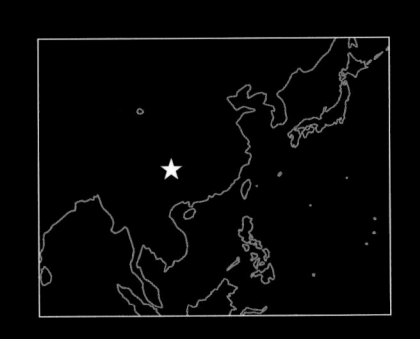

貴州省の山間部へ最初の予備調査のために入ったとき、私たちは何か特別なことが見つかるなどとは思ってもいなかった。正直なところ、中国政府が認定している少数民族の中で人口が比較的多いとはいえ、ミャオ（苗）族はこの高地を包む霧に紛れて、すでに消滅しているのではないかと恐れていたくらいだ。しかしそれは杞憂だった。実際に会ったミャオ族の人々は穏やかで、住み心地の良さそうな簡素な住居、伝統的な木造建築が密集して黒い帯のように見える集落、そして銀の装飾品の輝きに私たちは驚かされた。

　この民族はいくつもの亜集団に分かれており、その風俗習慣の中に民族の歴史が伝えられている。通りがかりの家を予告なしに訪れると、粗末な長持がまず目に入る。これが唯一の家具であることが多く、興味はやがて伝統的な刺繍の入ったカラフルな縞模様のスカート、カラカラと音がする宝石つきの銀飾り、そして亜集団ごとに異なる頭飾りに移っていく。しかし、何よりも私たちが魅了されたのは、長角ミャオの女性が特別な行事のときや、他の家族からの客を迎えたり、自分たちがよその家を訪れたりするときに結う、大きさが数メートルに及ぶ巨大な髪の束だ。この独特な頭飾りは長角ミャオの大きな特徴となっている。それは先祖の髪で作られ、持ち主の女性が個人的な宝物として保管しなければならない。一度見たら忘れられない、重量のある、半月形の美しい頭飾りは丁寧に結われ、母親から娘へと受け継がれる。

silver

　長角ミャオの女性たちが誇らしげにつける頭飾りは、彼女たちの立居振舞や姿勢に大きく影響し、歩き方も独特な女性らしいものになる。わずか数キロメートル離れた集落を歩き回るだけでも、頭飾りには微妙な違いが多くあることが分かり、それが女性たちのアイデンティティになっていると気づく。ミャオ族は伝統を伝えるのに文字は使わず、昔からずっと物語や歌にして口承で伝えてきた。その起源についての長い歌によれば、平等な農耕社会を営むミャオ族は遠い昔、はるか長江中流域の長沙あたりからやって来たという。古代のアニミズムが今も伝統的な家族の生活に深く根ざし、高床式木造家屋、最近では漆喰を塗った土間敷の石造りの家を住まいとする。ミャオ族は山腹に築いた棚田で米やトウモロコシを栽培する。山は神秘的な領域であり、そこに生える薬草の秘密を彼らはしっかりと守り、家の屋根の垂木に薬草が干してあるのをよく見かける。彼らの生き生きと暮らす姿、音楽や歌を通して自分たちの文化を語り、次の世代に伝え、伝統行事に傾ける情熱には驚かされるばかりだ。伝統的な民族衣装は銀飾りとともにきらびやかに輝く。銀飾りは、富、艶やかさ、美しさの象徴で、邪気を追い払い、幸運と慈悲と富を呼び込む神秘的な力を持つと信じられている。

長角ミャオは、ミャオ（苗）族という少数民族に属す
る5000人ほどの亜集団だ。「長角」という呼び名は、
女性たちが自分の髪と祖先から伝わる長い髪を編んで
頭につける独特の飾りに由来する。

長角ミャオの女性たちは、祭りや特別な行事のとき、
自分たちの一族に属さない家族を訪問するとき、客を
自宅に迎えるときなどにこの頭飾りをつける。

頭飾りは三日月形をした木製のクシを芯にしている。このクシを
自分の髪と白い毛糸の帯で後頭部にくくりつけ、そこに先祖から
受け継がれた3メートルほどの長さに達する髪を結わえつけてい
く。完成した頭飾りの重さは3キログラムを超えることもある。

長角ミャオ

長角ミャオの女性たちは皆、子供の頃に伝統的な髪の編み方とろうけつ染め技術を使って髪を染める方法を学ぶ。専門的な教育を受けた女性はほとんどいないものの、髪形を作るセンスは確かで、その仕上がりは完璧だ。

ボンダ 【インド オリッサ州】

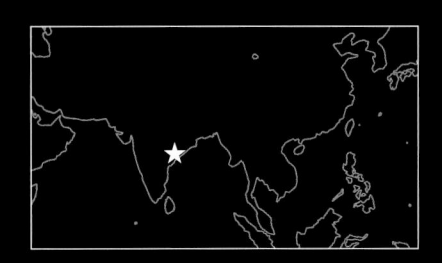

怒り
rage

オンクンデリの定期市に立てば、そこが民族の交差点という興味深い場所であることがすぐに分かる。この定期市にはインドのオリッサ州に暮らすさまざまな少数民族が集まってくるのだ。その中でも特にボンダの女性たちに、私たちの目は吸い寄せられた。しかし他の民族の女性たちは、あえてボンダの女性たちを見ようとしない。ボンダの女性たちは不可思議な魔法の力を持っていて、近づいてはいけないと思われている。わずかばかりの布をまとい、女性には珍しく髪を短く刈った頭に色つきのビーズ細工を巻いている。しかし、私たちの注意を何よりも引いたのは、首に何本もかけた太くて大きな金属のリングだった。

伝説によると、髪を長く伸ばした女神が服を着たまま沐浴しているのを、ボンダの女性たちが見て馬鹿にして笑った。それに女神は腹を立て、不遜な態度を取った罰としてボンダの女性たちに呪いをかけ、以後永遠に頭を剃り、裸で生きなければいけないようにしたという。

ボンダの人たちはせっかちで、気性が少々荒く、写真を撮ったり、話を聞いたりするのも一苦労だった。男性たちは常に狩猟用の弓を持ち歩いていた。そのため自家製の酒を飲んで酔っている男どうしで激しい口論が始まると、弓が誤った使われ方をすることが時々あった。

湿った空気が重く垂れ込める起伏の激しい山地で、ボンダはかたくなに農業を続けている。しかも生産性の低い原始的な農法を用いているため、収穫量は格段に少ない。ボンダの農業では輪作が焼畑農業と同じくらい大きな位置を占めている。たいていは、さまざまな野菜の種を混ぜて耕地に適当に蒔いていき、後は自然の成り行きにまかせる。

　こうした農法では同じ耕地から農作物を収穫できる年数はかなり短い。耕作できる土地を常に必要としているので、さまざまな民族と土地をめぐって頻繁に摩擦が起こっている。店先に品物があまり並んでいない定期市を歩き回っていて、ボンダの男女の役割は普通と違うことに気づいた。ボンダの集落では伝統的に族外婚を掟^{おきて}としてきた。男性は同じ氏族の女性をすべて姉妹や親戚のようなものと見なし、結婚相手は別の集落の女性でなければならない。

　彼らの特異な習慣、激しい気性、隣接する地域に暮らす人々でさえ理解できない言語。それらを生み出したのは、アニミズムやシャーマニズムの習合とともに彼らの社会に深く根ざした祖先崇拝、呪物崇拝、呪術、迷信だ。こうしたさまざまな要素が入り混じった社会で女性がどういう位置を占めているのか、すぐに分かった。定期市で見かけた、並んで座っているボンダの夫婦は、夫のほうが自分は15歳だといったが、それは計算ミスでも通訳の間違いでもなかった。実際、ボンダでは成人女性が若い男性、場合によっては少年とでも結婚するのが習わしとなっているのだ。結婚相手が若ければ若いほど長く婚姻に基づく保護と支援が約束され、女性が一様に恐れる寡婦になるのを避けられるからだ。

ボンダの人口は現在1万人を切る。攻撃的な気質、時代遅れの農業技術、極めて高い乳幼児の死亡率が災いして、毎年人口を急速に減らしている。近年は近親結婚も問題となっている。トラとコブラという2つのトーテム（親族集団を象徴する動物や植物）を持つ一族内で婚姻することが多い。

ボンダの女性たちは髪を短く刈り、裸の上に直接
ビーズ飾りやマントをまとって過ごしている。こ
の伝統は女神を怒らせた呪いによるものだとされ
る。数珠つなぎにした小さな色つきのビーズを坊
主頭に何本も巻き、裸の胸元に垂らし、腰にはリ
ンガと呼ばれるカラフルな短いスカートを巻く。
だが彼らの衣装で一番目立つのは首に何本もか
け、日の光に輝くアルミ製の大きな輪だ。

ボンダはさまざまな氏族に分かれている。乱獲したせいで、野生生物の狩猟もままならず、高度な農業技術も持たないことから、ボンダは同地方で最も貧しいグループに入る。女性たちは攻撃的でけんかっ早く、魔女と呼ばれる。ほうきの柄に乗って空を飛ぶといわれる。

モソ【中国 雲南省】

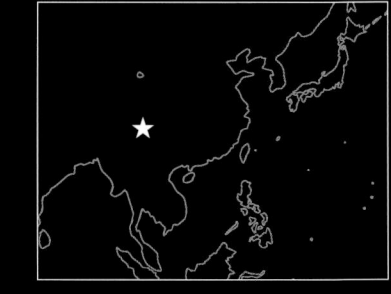

家系

lineage

中国の四川省と雲南省の境にある瀘沽湖に到着してすぐ、独特な雰囲気を感じ取った。中国の辺境地帯は民族自治県に指定され、民族文化を尊重した統治が行われている。ナシ（納西）族の亜集団であるモソ（磨些）人について、事前に調べておいたところによると、人類学的に非常に興味深い存在で、通常とは異なる形の母系制社会を築いている。モソ人は紀元100年頃にチベットから移り住み、かつては古代ボン教の要素を持つダバ教（アニミズム、祖先崇拝、シャーマニズムが融合したもの）を信仰していたが、現在はほぼ全員がチベット仏教に帰依している。私たちが最初に出会った女家長はジュオ・マ・カ・エルという人物だった。彼女は家畜の世話をしながら、チベット仏教の数珠であるマニ車を握って祈っていた。モソ人の子供たちはなかば聖人のように尊ばれている。人に親切な地上の楽園で子供たちがふざけ回るなか、男たちは湖で魚を釣っていた。非常に穏やかな雰囲気で、がむしゃらに働く人など見かけなかった。

　木材を横に組み上げた伝統的な家屋に入ってすぐさま、その美しさに私たちは魔法にかかったようになった。彩色された浅浮き彫りが居間の主壁を飾り、居間の中央には鉄の五徳を置いた囲炉裏があった。女家長の娘が私たちに敬意を表して伝統的な民族衣装に着替えてもてなしてくれた。2杯目のバター茶をいただいた後、美しい額に入った祖先の立派な写真を見せてくれた。男性も女性も真面目な表情をしていた。

モソ人の家族においては、生物学的な父親の社会的役割はあまり重要でないか、存在していない。そもそも誰が実の父親なのか分からない場合さえある。実際、家長を務めるのは母親の兄弟と姉妹だ。強い絆で結ばれたモソ人は、家族の団結を守り、相続や離婚に関わる問題が起こらないように先手を打つ。家名や資産は母方の家系に受け継がれ、子育てや家計のやりくりはすべて女性が行う。男性は対外的な関係を担い、社会的、政治的な権力を振るう。

　モソ人の男性が女性の元に夜だけ通う妻問い婚（阿注婚）の習慣は、以前から人類学的関心の対象となってきた。彼らの婚姻形態は際立っておおらかで、カップルの同居という伝統や生まれた子供にまったく縛られていない。確かに私たちが出会ったのは、自信に満ちあふれ、意識が高く、時に皮肉さえいう女性たちであり、ある意味、世界に別の可能性を示す社会システムを代表する女性たちだった。彼女らが男性と責任や役割をうまく分担して仲良く暮らし、血筋を優先しながら家系を守っているのは間違いない。

　夜になるとジュオ・マ・カ・エルの家族が家に集まる。この屋根の下で生まれた者が全員帰ってくるのだ。全員で協力して夕食の支度をしているのを見ていると、モソ人が歴史の流れの中だけでなく日常生活においても、絶えず苦難や戦いに直面しながら主流の文化に抗い、自分たちの伝統を誇り高く守ってきたことを考えずにはいられない。世界全体にとって大きな価値のある多様性をよくも今まで守ってきてくれたと、心の中で私たちは感謝した。

ハニ 【中国 雲南省】

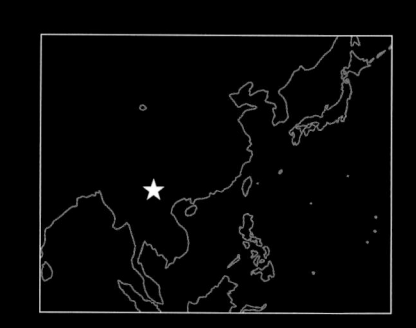

豪胆

audacity

雲南省には多種多様な少数民族がいて、万華鏡のような多彩さを見せている。中国政府が公式に認定する民族は漢族を含め56あり、そのうち25民族が雲南省に暮らす。しかも、同じ民族でも亜集団や分派の間で、方言、民族衣装、年中行事、崇拝する神仏などに微妙な違いがある。その1つ、ハニ（哈尼）族は複雑で異なる数十の名前を持つ。数千年にわたり、彼らが卓越した農耕と土木の技術を使って、周囲の山腹に主に稲を育てるための棚田を営々と作り続けた結果、世界の片隅に驚くべき光景が出現した。手掘りで作られた数千枚の棚田が山の急斜面を覆い尽くしており、うっとりするような見事な風景だ。

中には猫の額ほどしかない狭い水田もある。しかしそれは、どんなに狭くても肥沃で水が豊富な土地があれば耕地に変えてきたハニの、何世紀にもわたる努力の結晶だ。どんな隙間にも稲、トウモロコシ、サトウキビ、バナナが所狭しと植わっている。ハニが「強く荒々しい女性たち」という意味だと知ったときは意外に思ったが、実際に彼らの集落を訪れてみて、その名のとおりだと納得した。ハニ族は母系制の民族であり、作業や社会的な問題の取り扱いは女性が独占する一方、男性の役割は、少なくとも伝統を特に重んじる集落では、たいして重要でない。

私たちが訪れた家の調度品類はかなり質素だったが、祖先崇拝や自然を中心にしたアニミズムを示すものが至るところに見受けられた。

　ハニ族の伝統的な信仰ではあらゆるものに魂が宿っているので、魂を日々敬い、供物を捧げる儀式が数多くある。私たちも甘くて温かい酒やお茶をよく勧められた。そのときには必ずパイプや手巻きのタバコも添えられていた。ジュオミという、草深い小さな集落を訪れたとき、私たちはイシャ（奕車）人というハニ族の亜集団と会うことができた。イシャの若い娘は肌を露わにし、性的に自由奔放に見える。そのためにこの集団はふしだらだという偏見が広まっている。女性たちは太ももがむき出しになる非常に短いショートパンツを身に着ける。まだ結婚してない若い娘は白い円錐形の帽子をかぶり、既婚の女性は黒い円錐形の帽子をかぶる。彼らのどんな活動にも活力と生命を生み出す力がはっきりと見て取れる。

　伝統的な結婚は現地の言葉でリッハッハと呼ばれ、家どうしであらかじめ決めるものだが、これがなかなかおおらかで興味深い。結婚した2人は同居せず、最初の子供が生まれるまで、妻は気に入れば誰とでも、自由に性的な関係を持って構わない。伝統的な民族衣装を着た美しい娘が少しからかうようにして、私たちのガイドにイシャの有名な格言を知っているかと聞いてきた。何だろうと私たちが娘を見つめると、娘が小声でいった。「結婚している女性の左の乳房は夫のもの、右の乳房は世界のもの」。予想外の答えにニンマリする私たちを見て、娘は首にいくつもかけた小さな銀飾りをいじりながら大笑いしていた。

黒イ【中国 雲南省】

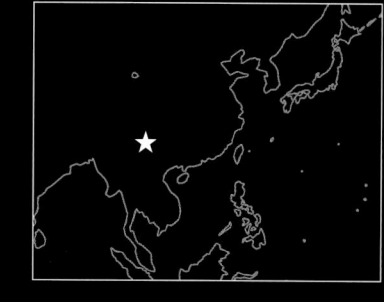

　雲南省北部の山脈を越えたところで、中国にたくさんある定期市の1つに出くわした。このアジアの大帝国で体験した最も印象的なイベントが定期市だ。定期市は何もないところに、いきなり現れる。道路沿いに店が立ち並び始め、突然にぎやかになる。定期市は品物であふれ、さまざまな色、さまざまな民族集団で活気づいている。

　固有の言語と彼らだけの伝統を持つイ（彝）族は、気候が厳しく地形も複雑で人を寄せつけない地域に数千年にわたって暮らしている。この民族集団と意思疎通を図るのは簡単なことではない。彼らの話す言葉はチベット・ミャンマー語群に属し、独特な方言がたくさん使われているからだ。

　ひたすら湯（タン）を飲んでいるのは、社会的地位の高い女性たちだ。色彩豊かで格調高い伝統的な民族衣装をまとい、大きな黒い頭飾りをつけている。この頭飾りは裏地に緑色の絹が張られたネッカチーフのようなもので、堅いフレームで持ち上げ、頭の何センチも上から垂らしている。指や耳にはエレガントな銀の小さな飾りをつけ、首には複雑な模様が刻まれた長方形のペンダントをいくつかかけている。何人かの老婆が真鍮や竹でできた細長いキセルでタバコを吸いながら、彼らの話を何とか理解して私たちに通訳しようと四苦八苦する漢族のガイドを見て快活に笑っていた。彼らは一般に黒イと呼ばれ、イ族に属する亜集団である。黒イという呼び名は女性の頭飾りや、冬に着るマントが男女ともに黒が多いことに由来する。歴史的に複雑な理由から、1949年までこの山岳地帯では奴隷制が深く根づいていた。黒イは、かつて奴隷と土地を所有していたヌオフオという上流階級の末裔（まつえい）だ。

　社会が大きく変わり、中国共産党政権によって奴隷が解放されて土地が平等に分配されてもなお、黒イの女性たちは一族の社会的な地位を示す必要性を強く意識しているのが、彼らの言葉から分かる。彼女らは今でも自分たちが、肉体労働を蔑すみ、貧しい人たちの人権を完全に無視して搾取してきた特権階級に属していると考えている。黒イの女性たちは、ひとりとして自分たちより身分の低い男性と結婚したことがなく、この差別は伝統を重んじる家族で今も続いている。定期市の別の場所に移ると、同じイ族でも亜集団が異なる男女に会った。彼らが身につけている上着や頭飾りは黒イとは違っていた。

　角に座っていた老爺が紙袋に入った奇妙な白い粉を買わないかと勧めてきた。それは雲南白薬という、傷、打ち身、出血の効能で有名な粉薬だ。雲南省のイ族が何世代にもわたって受け継いできた秘伝の調合で作られ、今でも欲しがる人は多い。私たちのガイドは、ぜひともと少量購入し、私たちもこのチャンスを逃がすまいとガイドに倣った。

熱い湯をいつでも出してくれる小さな店に集まる黒イの女性たち。長い封建制の伝統を受け継ぐこの民族集団は昔から行われてきた農業と牧畜をしっかり守ってきた。とはいえ茹でた肉を食べられるのは特別なときだけで、しかも裕福な家族だけの特権だった。特に昔はそうだった。

1958年に中国政府は奴隷制と黒イの特権に終止符を打つ改革を断行し、黒イの家、土地、資産を没収した。だが上流階級たるヌオフオ（黒イの原語）の意識や態度は変わらず、今でも彼らの体を流れる「穢れなき高貴な血」によって、貴族の末裔であることを誇示している。

挑
戦

挑戦は、アイデンティティや一体感の形成に古くから大きな役割を果たし、自ら進んで挑戦する者ほど社会的な地位が上がることが多い。挑戦として行われる決闘、競争、デモンストレーションの内容は、文化や地域によって大きな違いがあるものの、その奥にある祖先から続く価値観は明確で、世界的にも共通している。一連の所作と作法にのっとって、人が何かに挑戦するという行為は、それが儀式であっても、挑戦者自らの内面と彼を取り巻く世界を何かしら変えることができるのではないだろうか。旅行中に受け入れてくれた小さな社会に、それは顕著だった。これこそが、パプアニューギニアで恐れられる戦士、マッドマン（泥人間）が私たちの頭の中に自らの存在を植えつけた仕組みだ。マッドマンが恐れられるようになった伝説の始まりは、国全体の尊敬と畏怖の念を集めた有名な決闘に端を発する。

　インドネシアの島に暮らすマンガライは今でも誇りを持って儀式としての戦いを行う。この戦いに私たちは魅了された。彼らが儀式として行う戦いは鞭と盾を使い、一族や家族間の関係を規定する明確なルールに従って進められる。人類学的な見地からは、挑戦といえば誇り高い、アフリカのスリ人がすぐに連想される。スリは、ドンガというかなり激しい儀礼的戦闘を通して最も勇敢な若者を選ぶ。この儀式で流した血の量と受けた傷の数が多ければ多いほど、社会的な地位が上昇し、若い女性への性的なアピールになる。

　首狩りもインドのコニャックの人々にとっては一種の挑戦だ。つい最近まで彼らの小屋の壁には敵の首が飾ってあった。彼らにとって首級は、自分たちの集落に偉大なエネルギーを与え、集落の価値を高めるもので、狩りで得られる戦利品のように大切に扱っていた。こうした挑戦は多くのグループにおいて大事な競争のときであり、今でも個人の選択と運命を左右する。

アサロ 【パプアニューギニア 東部高地】

粘土

clay

恐ろしいマッドマン（泥人間）の集落に入ると、それまで緑一色だったパプアニューギニアの森が消え、戦士たちがあらゆるものを白く変える。全身に塗られた乾いた泥から、彼らの体に絶えずまとわりつく煙、仮面の威圧感を高めるイノシシの牙まで、すべて真っ白だ。最高で標高4000メートルにもなる峰と、緑がうっそうと茂る丘陵からなる高地がアサロの人々をずっと生かし、守ってきた。そのすべてが白一色に染まった。

　パプアニューギニア東部の小さな集落で私たちが特別に観覧することができたのは、演劇というより、口伝で受け継がれてきた古い歴史書の一節だった。民族の誕生の物語を語りながら、アサロの人々は自分たちの歴史を蘇らせ、たたえて次の世代に伝える。突然、不気味な静けさの中に森の緑が蘇り、亡霊のようなものが現れた。かねて聞かされていた恐ろしい戦士だ。見た目だけでおどろおどろしいのに、それが弓、矢、槍を携えて、くねくねとゆっくり動く。

　アサロ人の伝説によると、はるかな昔、民族間の争いが幾度となく繰り返されていた。あるときの争いで、アサロの戦士たちは川底に潜って敵から逃れた。泥の川岸から這い上がり、川を離れたとき、戦士たちの全身は粘土のような白い泥にまみれていた。その泥が乾くと白く輝く厚い漆喰のようになった。

　それから物語は戦士たちが集落に戻った後の話に続く。彼らの集落に攻めてきた敵はそこに現れた恐ろしい白い化け物を見て震え上がった。敵はたちまち恐れをなして逃げ出し、自分たちの集落に戻って、彼らが遭遇した白い化け物の話を広めた。この事件以降、マッドマンはアサロのアイデンティティとなった。物語は広く知られるようになり、恐ろしい戦士としての評判を確立した。

　マッドマンはくねくねと体を動かしながら、黙って私たちの周りを回る。大きな白い粘土の仮面の中から好奇心に満ちた眼差しを向け、私たちをよく見ようとしている。彼らは実際に何が起こったかよりも、人々が何を信じているかのほうが格段に重要な世界に生きているのだ。彼らの動きを見ていると、私たちの心も解放される。そして知識よりも自分の目を信じることで、固定概念から自由になれることに

約3000人のマッドマン（泥人間）がパプアニューギ
ニア東部の高地に住んでいる。彼らの集落は、人を
寄せつけないジャングルの奥深くを流れるアサロ川
が刻んだ狭い渓谷に作られている。彼らの言語、カ
イナント＝ゴロカは、この密林に暮らす小規模な集

遠い昔、粘土に覆われたアサロのマッドマンの戦士が
川岸から現れたとき、その亡霊のような姿を見て敵は
腰を抜かした。それ以来、アサロはより恐ろしい粘土
の仮面をこしらえて伝説を広め、パプア高地に暮らす
他の民族すべてから尊敬され、恐れられるようになり、
それが伝統となった。

これとは別に、大切な結婚式に招かれた男の話が伝説としてアサロに伝わっている。その男は結婚式にふさわしい伝統的な衣装を持っていなかった。そこで古い籠（かご）に２つの穴を開けて籠全体に泥を塗ると頭にかぶった。その姿でやって来た男を見て、結婚式に招かれた人たちはたいそう怖がった。おそらくこの出来事がヒントとなって、戦闘で似たような仮面をかぶれば敵に恐怖を与えることができると思いついたのだろう。

マンガライ 【インドネシア フローレス島】

マンガライ人の伝統的な戦いを見る前に、まずは歓迎の儀式に参加しなければならない。集落の長が自分の伝統的な作りの家へ私たちを迎え入れ、竹で作られた床に座るように促した。私たちが座ると、長は自分たちの文化を紹介する短い歓迎の挨拶を述べて儀式の祈りを唱え、私たちにソピという酸味のあるヤシ酒とビンロウの小さな粒を勧めてきた。多くの住民に見つめられながら、私たちは長と一緒にビンロウを噛んだ。

このインドネシアの絶境に暮らす少数民族では、家族の最小単位はチャク・キロという。最も重要な社会単位はチロという、同じ屋根の下に暮らす数世代のメンバーで構成される大家族だ。同じ父方の血筋を受け継ぐチロが集まってパンガを形成する。パンガは氏族のようなもので、かつては葬儀をはじめとする重要な儀式を執り行う役目を担っていた。ポルトガルやオランダによる支配やキリスト教への改宗を経て、いろいろなことが変わってしまったものの、こうした伝統的な社会構成は今もマンガライの人々の間に根強く残っている。

家の外は伝統的な民族衣装を着た男女でにぎわい、打楽器を鳴らす音も聞こえる。そしてチャチと呼ばれる儀式としての戦いを行うときがやってきた。チャチはマンガライを代表する風習であり、彼らの文化的アイデンティティの重要な部分を象徴している。一連の非常にダイナミックな決闘では、さまざまな集落から集まった男性が互いに激しく飛び跳ね、俊敏な動きを見せて勝ち負けを競う。

　この儀式ではライバルどうしが最初にそれぞれの勇気を示し、次いで、傷を見せ合う。傷は誇りの源泉であり、男らしさの象徴だ。決闘のあらゆる場面において、守るべきルールが決められているが、それでも深刻な事故に至ることがある。若者はそれぞれ戦うときに名乗る名前、いわば武号を持ち、胸をむき出しにして鞭と竹

チャチと呼ばれる儀式としての戦いに参加する者は「怒ったイノシシ」や「後ろ足で立つ馬」といった武号を名乗らなければならない。決闘後、水牛の革で作られた鞭で打たれた傷を、マンガライの青年が誇らしげに見せる。この傷は女性にとってとても魅力的だとされる。

マンガライの伝統によると、精霊はいくつかのグループに分かれる。アンドゥンという霊は集落の近くに住む祖先の霊で、儀式のときに呼び出される。「別世界の人々」を意味するアタ・ペレシナは自然の精霊で、その中のナガ・タナは大地を支配し、ンガラ・タナは畑を守る。悪霊はジンやセタンと呼ばれる。

スリ【エチオピア オモ渓谷】

　藁（わら）でできた質素な小屋がいくつか立ち、その周りに柵がめぐらされている。柵は木の幹を地面に打ち込んだだけの簡単な作りだが、動物や不審者の侵入に対しては有効だ。小さな集落の入り口に通じる土の小道の真ん中に、背の高い裸の男が旧式のカラシニコフ自動小銃を握ったままじっと立っている。それはスリ人の青年だった。彼はこちらを睨んだまま挨拶してきた。これはだめかもしれないと思ったが、集落に入るのを許してくれた。

　エチオピアの高原に暮らす誇り高き民族は一般にスルマと呼ばれるが、自分たちはスリと名乗る。背が高く細身で、私たちが世界中で会ったどの民族よりも完璧に近い肉体を持つ。若者は裸の上から藍色のマントを片方の肩にかけただけなので、胸や腕にはっきりと刻まれた傷が見たくなくても見えてしまう。それが抽象的な模様になっているだけでも驚きだが、さらに衝撃的なのは傷が厚いケロイド状になって盛り上がっていることだ。

　この傷は儀式でつけられる。それは血を捧げた証拠として死ぬまで残り、彼らの誇りと一族への帰属を示す大切なシンボルとなっている。スリの男性にとって、傷は男らしさ、勇気、戦いや狩りでの武勇を証明するものとされ、女性にとっては官能性の象徴であり、性的魅力を表すものとされる。スリの人々の美的センスはモロコシの収穫後に行われるボディペイントに見ることができる。褐色の皮膚に映える

　スリの人々が特に好んで使う色の1つが白だ。白は
豊穣と調和、日光の明るさを象徴する。白の対極と
して一緒によく使われるのが温かみのある大地の赤
と黒だ。赤は血、闘争心、戦うエネルギーを象徴し、
漆黒は邪悪と闇を象徴する。若者がお互いの体や顔
に色を塗る場合、意思を明確に表示する行動として
社会的な意味を帯びる。

　スリはスーダン砂漠から移ってきた牧畜民と農耕
民の集団だ。移り住んだ先のオモ渓谷もまた厳しい
環境だが、そこを母なる大地として命をつないでい
る。オモ渓谷の経済は牧畜を中心に回っており、家
畜は一族にとって大切な資産だ。しかし現在、生態
系は微妙なバランスの上に成り立っており、この秘
境の渓谷がいつまで世界一ハンサムな男たちのシェ
ルターであり続けるかは、時のみぞ知るとしかいえ
ない。

エチオピアの少数民族であるムルシやスリで一般的な
デビニャ（リッププレート）をはめた若い女性。デビ
ニャは木製ないし素焼きの板で、丸い場合もあれば四
角い場合もある。15歳になると唇に穴を開ける。最初
の穴は非常に小さい。そこに差し込む円盤や木の板を
だんだんと大きくしていき、穴を広げていくのだ。

スリの女性たちは唇だけでなく、耳たぶも広げて大き
な陶器の円盤を挿入する。軽くするために円盤の真ん
中には穴を開けることが多い。こうした大きな飾りは
装身具であるとともに、それぞれの個性を表したり、
個人を見分ける印となっている。

山地のうっそうと茂る草木が、2000人を超えるスルマ
人（エチオピア人による他称。自分たちはスリ人と名
乗る）を守っている。集団には年功序列があり、年代
ごとに異なる仕事や役割を担う。まず少年の頃は通常、
牛の群れを追う。やがて大人になると集落を守るよう
になり、「戦士」として認められるようになる。

雌牛の頸静脈に投げ矢を撃ち込むと、そこから
赤い血がほとばしり出る。まずは手のひらで血
を集め、それからボウルを使う。スリの社会で
は、牛は今でも富と社会的な威信を示すもので
あり、大切にされている。しばらくすると牛は
何事もなかったように群れに戻る。

スリの少年が誇らしげに高々とボウルを持ち上げ、口へ直接血を流し込む。血はタンパク源だ。血を飲めば牛を殺さなくても生きていける。血を飲み干したら、山羊皮で作った小さな袋から牛乳を飲む。食事をちゃんとしたバランスの取れたものにするため、牛乳は欠かせないと少年はいう。

ドンガないしサジンは、スリの人々が誇りを持って行う大事な儀式としての決闘だ。モロコシやトウモロコシの収穫後、テゲイ（未婚の青年）がドンガに参加する。ドンガという儀式の名前は儀式的決闘において使われる武器に由来する。ドンガはシナノキ科の木から作られた長さ2メートルほどの棍棒で、先端を削って陰茎の形を模している。この一連の写真は4つのブウラン（近隣の集落の意味）どうしの戦いを撮影したものだ。スリの青年はこの戦いを通して社会に勇気を示し、若い女性たちにアピールする。

ドンガには絶対に破ってはならない暗黙のルールがあるとはいえ、儀式に参加する者はかなり激しく相手を殴打するので、すぐに傷から血が流れ始める。負傷した戦士が地面に倒れるか、対戦者どうしの力の差が明らかになると決闘は終了とされる。万が一戦士が死んでしまった場合、勝負は中断され、結婚などの和解となる行事をもって決着とする。

コニャック・ナガ

【インド ナガランド州】

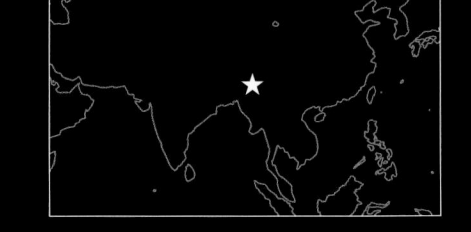

ナガランド州に足を踏み入れた瞬間から、外の世界の法律も習慣も通用しない場所に来たと感じた。そこかしこに設けられたバリケード、人々から向けられる疑いの眼差し、言葉と文化の壁など、人々の独自性に関する数え切れないほどの複雑な側面を目の当たりにし、ナガランド州の原野を旅する間、いつも底知れぬ不安につきまとわれた。

最初に訪れたモロン（若者宿）で私たちは完全に度肝を抜かれた。ガヤル（インドヤギュウ）の頭蓋骨をはじめとする狩りの戦利品、儀式に使う太鼓、サルの首、古い武器がこの伝統的な男性専用の小屋に保管されている。そこはまさに、コニャックの人々の文化を凝縮した宝箱だった。狩り、決闘、寄合、家族の名声、一族のアイデンティティ、あらゆるものが神聖とされている。藁、竹、木のにおいの中にさえ、この神聖さが漂っているようだ。戦利品を収めた広い部屋にはアヘンの煙が厚く立ちこめていた。そこで集落の首長（集落の住民によって構成される村を率いる）は住民とともにアヘンを吸い、床の中央で燃える火が入れ墨の施された彼の顔を照らしている。私たちは彼に目通りを許された。

首長は集落の宗教的な指導者であるとともに法も司る。首長は私たちを歓迎し、集落の中の家や広場を訪れて写真を撮る許可を与えてくれた。見張りが神聖な石の上に彼のライフル銃を置き、私たちは集落へと通された。集落の住民たちは藁で作られた家の扉の隙間から怪しい者を見るかのように、こっそりと私たちを覗いている。私たちの周りにいるのは、にぎやかで少しばかりやんちゃな子供ばかりだ。女性の姿はどこにも見えなかった。

誇り

pride

　しばらくして仲介役兼通訳の人類学者が暗い小部屋に入るように勧めてきた。私たちはいわれるままに入ってみた。初めは長い丸木舟に見えたが、実は伝統的な形の古い太鼓の輪郭だとおぼろげながら分かった。だんだんと暗がりに目が慣れてくると、この儀式に使う太鼓に取りつけられているものが見えてきた。それは数十個の頭蓋骨だった。古いものだけでなく、つい最近のものもあった。すべて、ここのコニャックが戦いに勝った証しとして切った敵の首だ。この風習はバプテスト派のキリスト教宣教師の後押しもあって1970年代から80年代にかけて政府によって規制され、モロンや首長の小屋を飾っていた敵の頭蓋骨はすべて、埋めるか燃やすかして処分するように命令が出た。ここにある頭蓋骨は政府の命令に背いて残されたものだ。どの頭蓋骨にも真ん中に穴が開いていて、そこにロープの切れ端が残っていた。ロープを使って垂木や壁から頭蓋骨を吊していたのだ。さまざまな技術的困難に直面しながらも、私たちは何とか数枚の写真を撮影することができた。だが緊張が高まった。政府や当局から集落がひた隠しにしてきた秘密の戦利品の安全をコニャックの人々が心配するのはもっともだ。一部の男たちが敵意を露わにし始めたため、私たちはいつもの和やかな別れの挨拶をしないまま、集落をあわただしく離れなければならなくなった。ここはよそ者にとっては驚異の的であり、魅了されるものだが、長居は無用の、この民族集団にとっての秘密の場所、あるいは隠された聖域の1つだった。ナガランド州には外国人には近寄りがたい領域があるのだ。

コニャックの戦士は、顔の大半を覆う「W」の字のような模様や複雑なチョウの模様などの大きな入れ墨を施す。一方、女性や戦いに参加したことのない一部の男たちは、唇に入れ墨をするか、草や炭のペーストで唇に色をつける

今でこそ薄くなっているが、写真の老人の黒い入れ墨は、彼が
かつて首狩りを行っていたことを示している。私たちが訪れ
たのは首長が亡くなって間もない頃で、このとき、すべてのコ
ニャックの人々が偉大な戦士の死を追悼していた。彼の息子、
トニエインが新しいアン（首長）となった。首長に従うのは
30あまりの集落であるが、これら集落全体の父親という大役
を引き継ぐのは難しいと彼も分かっている。

孤
立

SOLATION

私たちが訪れた少数民族の社会のいくつかは孤立状態にあったが、それは意図的な選択の結果であるように見えた。現代において外部世界との接触を完全に避けるのはほぼ不可能で、完全な孤立など滅多にない。それでも私たちは、ある種の社会的孤立状態にあるいくつかの民族に接触した。どの民族も実に魅力的だった。孤立は、容易に行き来できないなどの地理的要因、政治的状況、民族が置かれた状況によって生じることもあるが、自分たちの身の安全とともに伝統や文化を守る盾として、自ら進んで引き籠もることを選ぶ場合もある。孤立は勇敢で魅力的な選択だが、その代償は社会的に高くつくことが多く、少数民族そのものや文化の消滅を招きかねない。インドのグジャラート州のラバーリー人が人の心を捉えて離さないのは、それでも辺境に暮らすことを選んだからだろう。ラバーリー人は見捨てられたような荒涼とした地域を自分たちの領域とし、そこを集団で旅して回る。旅の前には大母神パールバティーに安全を祈願する。

　また、孤立には保護という面があることも、モロッコでベルベル人の生活様式に触れて気づいた。ベルベル人の社会は、今でも遊牧生活ないし半遊牧生活を許容している数少ない社会で、身近に迫るグローバル化した世界の快適さを拒否している。それは彼らの価値観と相容れないものだからだ。ヤズディという、アルメニアの山地に逃れたクルド人に目を向ければ、純粋な文化的孤立は悪影響を及ぼすことが分かる。いつの日か自分たちの故郷を持ちたいという見果てぬ夢のために、彼らは自らを孤立に追い込み、ある種の亡命生活を一生送ることを強いられている。

　初めのうち、孤立というものは、どちらかというと時代遅れで、変わることのない、基本的に理屈の上のことだとばかり思っていた。だが撮影旅行を続ける中で、私たちには、孤立というものは多面的で、今も有効な現代の有り様の1つであることが分かってきた。孤立は人類の新しい形を私たちに示している。孤立とは自らの選択ないし境遇、あるいは必然、さもなくば唯一の選択肢だった可能性があると理解するに至った。

ラバーリー 【インド グジャラート州】

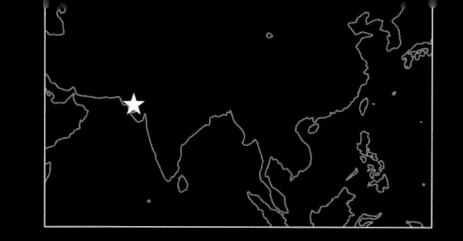

初めてラバーリーの人々と会ったときのことで一番印象に残っていることといえば、砂ぼこりだ。ラバーリーのキャラバンが足を止めてからしばらく経つのに、まだ砂ぼこりがキャラバンの周りに立ちこめていた。その中でキャラバンのメンバーがせっせとヒトコブラクダから荷物を下ろしている。この優美な動物は今もラバーリーの文化の要である。ラクダたちはゆっくりと辛抱強く歩きながら、鳴いたり、うめいたり、吠えたりしている。ラバーリーの人々は、自分たちはラクダを飼育しているのでなく、守っているのだと考えている。ヒトコブラクダは神聖な生きものとされ、ラバーリーにとって、ラクダの世話をすることは自分たちの家系に許された一種の名誉なのだ。

ラバーリーは世界の大半で失われてしまった遊牧生活を今も続ける、人類学上の生きるモニュメントだ。私たちが撮影したグループは少人数でメンバーどうしの結びつきが強かった。女性と子供は忙しく働いていた。誰もが自分の役割をきちんと理解し、タール砂漠（インド北西部にある世界有数の規模の砂漠）でどう行動すべきか正確に分かっていた。グジャラート州カッチ県の荒涼とした地域をラバーリーは何世紀にもわたって故郷としてきた。彼らはこの地域をカチッチと呼ぶ。カチッチは「時に乾燥し、時に雨が降る」という意味で、この地方の過酷な気候を的確に表現している。太陽を背に長身痩躯の彼らが立つと、上着の輪郭を日の光が明るく縁取る。今晩眠る野営地を女性たちが設営するなか、男性たちはラクダの群れを連れて出ていった。

砂ぼこりは女性たちのきれいに刺繍された布地や衣類を飾る鏡のかけらに積もり、さらに銀の飾りやシンプルな繰り返し模様の入れ墨、そして男性たちの頭に巻かれた大きなターバンやきちんと整えられた口ひげの上にも積もった。砂ぼこりは古くから伝わるラバーリーの神話や伝説、女神パールバティーとの絆にも降り積もっているようだ。この女神は彼らの創造主とされ、家畜を連れて長い遊牧の旅に出る前、ラバーリーの人々は今でも真剣にこの女神に祈りを捧げる。

砂塵

dust

　一部の研究者によれば、ラバーリー人の祖先は元々イランに暮らしていたが、アフガニスタンを越えてインドに到達したという。私たちは彼らの生業_{なりわい}のさまざまな段階を興味深く観察し、環境への適応能力に感心した。遊牧に出ているときは時間の尺度が普段と異なり、あらゆる活動が太陽の動きに従って進められる。すべてのラバーリーが一年中、遊牧を続けているわけではないことも知った。

　旅行中に彼らの定住地を訪れた。そこは都市から遠く離れているとはいえ、かつて完全な遊牧生活を送り、絶えずキャラバンで移動していた集団の風習やしきたりに、避けることのできない変化の兆候が現れ始めている。

　こうした定住地は妥協の産物、つまり半遊牧生活を受け入れた結果であり、おかげでモンスーンの季節の生活がある程度、楽になった。絶え間なく雨が降るモンスーンの季節、遊牧民は相当な苦労を強いられてきたのだ。彼らの家の泥壁には、まるで宝石のように鏡を中心としたきらめく装飾が施され、そこにラバーリーらしい美的アイデンティティがはっきりと見て取れる。広場では数人の女性たちが簡単な織機で布を織る。だが私たちの心はキャラバンとともにあった。翌朝、夜明け前に荷物を載せたヒトコブラクダの群れが再び隊列を組み、砂を踏みしめ、体を前後に揺らしながら、過去何世紀にもわたって誰も到達できなかった目的地を目指して歩くのだ。

ラバーリー

ラバーリーの遊牧民が家畜とともに牧草を求めて季節ごとに移動するルートは、何世代にもわたって受け継がれてきた。だが最近になってこうした先祖伝来のルートが舗装道路や近代的な高速道路に塞がれることが多くなっている。ラバーリーのキャラバンは長い歴史から与えられた権利だといわんばかりに、何のためらいもなく道路に進入する。そのためにしばらくの間、交通の邪魔をすることになる。そんなことはお構いなしに、コブラに襲われる危険のない平らな道路をキャラバンは悠然と移動する。

ラバーリーの住居は主に女性のためのもので、男性は
家から遠く離れてヒトコブラクダやヒツジと一緒に眠
る。家の壁を飾る模様にはコブラが繰り返し現れる。
コブラはラバーリーにとって神聖な動物で、ラバー
リーの人々は頻繁に祈りを捧げる。コブラは彼らの大
切な家畜を脅かす危険の代表格で、家畜がうっかり踏
んづけてしまうことがよくあるのだ。

ラバーリーの人々の独特な美的センスは、彼らの身だしなみへのこだわりを見れば明らかだ。男性は一般的にきれいに整えた自慢の豊かな口ひげを生やしている。足首ですぼまる白いズボンを履き、胸元で結ぶ白い上着を羽織る。またトリイアというイヤリングをつけることも多い。女性の服は黒を基調とし、たいてい背中が開いている。そこに銀や象牙でできた飾りやジュエリーなどさまざまな装飾品を合わせる。

ベルベル 【モロッコ 高アトラス山脈】

ベルベル人と初めて会ったのはモロッコの高アトラス山脈の峡谷に守られた場所でのことだった。彼らは家畜の群れを追っていた。私たちは遊牧民であるベルベル人の誇りと威厳に魅せられた。何度も彼らの土地に足を運び、ようやく彼らの生活と住まいを見ることが認められた。そこで初めて、古くからの文化がかえって、数千年にわたる彼らの歴史の魅力を覆い隠していると知った。ベルベル人の歴史とは、厳格な意味で1つの民族を規定するものではなく、いくつもの文化的、言語的アイデンティティが混ざり合い、非主流の方言（少数派の方言）と融合したものなのだ。

民族の名前にもこの土地を通り過ぎていったたくさんの侵略者の優越性が反映されている。ベルベルという呼び方はラテン語および後のアラビア語に由来する。その意味は「残忍で、荒っぽく、武骨」だ。だが私たちが彼らの世界に徐々に受け入れられていくにつれて、ベルベルよりも彼ら自身が名乗る「アマジグ」がしっくり来るようになった。アマジグとは「自由な人々」「高貴な血筋の人々」を意味する。

数多くの家族を束ね、支え続ける一族の長が私たちを温かくもてなしてくれた。そのもてなしの様子から、アラブ文化に抗い、自分たちのアイデンティティを守りたいという思いが、ひしひしと伝わってきた。自分たちの言語を守ろうとする姿勢はさらに強かった。彼らの言葉を理解するのに私たちのガイドは四苦八苦していた。アトラス山脈周辺地域では誰もがアマジグ語を話すが、文字に書くことはない。アラビア文字を用いて書くこともあるにはあるが、アラビア語はアマジグ語と言語系統が異なるので無理があるのだ。

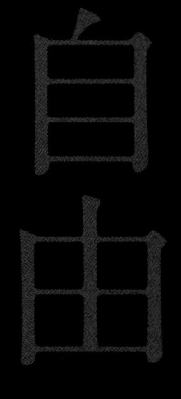

自由

freedom

　成人男性の全員参加が原則の集落の寄合、賢人つまり長老による長い会議、ムッセム（固有の祭り）など、社会の重要な恒例行事では、彼らの母語しか使われない。

　モロッコのアマジグで見かけたある父親の日焼けした顔には、厳しくも質素で慎ましい羊飼いの生活が刻まれていた。と同時に、垢抜けて自信に満ちた雰囲気も見て取れた。それは都会の男女や、ライフスタイルが現代風に様変わりしてしまった村で目にしたことのある特徴と同じものだった。それでもベルベル人は自ら選んだ呼び名を使い、自分たち固有の言語で話し、伝統的な衣装を着ることを誇りにしている。この誇りは強い民族意識の一角をなし、民族意識の強さゆえに、彼らの文化は人為的に引かれた国境線を越え、モロッコからアルジェリアはもとより、リビアからエジプト、ニジェール川の全流域まで広まっている。

ベルベル人は、彼らの住む土地にフェニキア、ギリシャ、ローマ、ビザンツ帝国、アラブ、トルコなどの度重なる侵略を受け、そのたびに激しく抵抗してきた。だが最終的に最も肥沃な土地を明け渡し、山地に引き籠もることを強いられる。そこで彼らは外部世界との接触を断ち、慎ましく暮らす道を選んだ。

ベルベル人の文化は主に口伝で受け継がれてきた。ベルベル文学にはたくさんの人気作品があり、その大半が口承だ。ベルベル人の男性は多かれ少なかれアラビア語の影響を受け、バイリンガルであることが多い。その一方で女性は教育や外部世界と接触する機会が少ない。女性たちこそベルベル人の言語的遺産の真の守り手であり、担い手なのだ。

ベルベル人の社会の基本は、父親、母親、子供とあらゆる血のつながった年長者と年少者で構成される家族だ。それぞれの家族は特定のイフスに属する。イフスとは血統、つまり複数の世代にまたがった拡大家族を指す。同じイフスの家族が大勢集まってタクビルト、いわゆる氏族を構成する。そのために血の絆は非常に強い。外部世界に対する抵抗感は激しいものの、よそ者を自らの社会に受け入れることが時たまある。

ヤズディ教徒のクルド

【アルメニア アラガツ山】

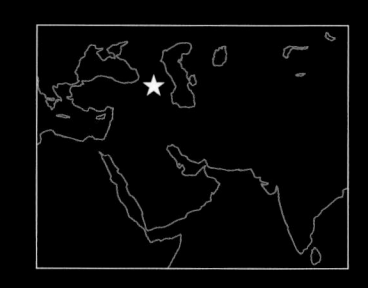

　ア ルメニアの山地の旅では、必ずしもほほ笑みを浮かべて「どうぞ、どうぞ」と温かく迎えられたわけではないし、心理的な距離感や言葉の壁を越えられるような分かりやすい招待もなかった。それでも粘り強く時間をかけ、アルメニアで遊牧して暮らすクルド人のごく小さな社会であるヤズディの人々に迎え入れてもらえた。ヤズディの多くは廃車になったロシア製トラックの貨物ボックスや、見るからに錆びた貨物用コンテナといったものをそれぞれの住居にしている。そんな住居であっても、内部を一目見ただけで、そこにこの誇り高く魅力にあふれる人々の生活が凝縮されているのが分かった。彼らは祖国を奪われた民族なのだ。老人の顔は日差し、風、苦難にさらされ続けて、しわだらけになっていた。その老人が私たちの前で同じ言葉を繰り返した。イラク。彼が生まれた国だ。何十年も前に失った故郷と生活の記憶は、今では、寝起きする金属製コンテナの壁に張られる色あせた写真の中だけのものになってしまっている。

　私たちの存在にまったく物おじしない女性もいて、その1人が前日の夜に見た夢について話し始めた。通訳が難しかったり、当人の感情が高ぶったりして、話は何度も中断したが、この民族の独自性について知ることができた。彼らは今でもヤズディ教という、イスラム教以前のさまざまな宗教が習合した極めて古い宗教を信仰している。約50家族がアルメニアの山地に難を逃れて暮らしているが、生活状況と文化的な状態が仮住まいのように見えるのは意図的なことのようだ。彼らと一緒にいてずっと感じていたことがある。「イスラム国」（ISIS）や戦争、そしてこれまでに何度も繰り返された迫害から逃れてきたヤズディの人々は、この長らく住んでいる土地さえも、自分たちの安住の地とは考えていない。だからこそ余計に、自分たちの宗教や文化的なアイデンティティを大切にしているのだ。

　おそらくここに安住してしまったら、自分たちの独自性と独立を失ってしまうかもしれないと、どこかで恐れているのだろう。ヤズディ教徒の若者の生活を見ると、寝るのも、くつろぐのも、食事をするのも、寒さや暗さから身を守るのも、すべてベッドの上で行っている。まるで野営のようだ。安住の地を持たない民族が自分たちのアイデンティティを日々維持するのが、いかに困難なことかが分かる。

　ほほ笑み、写真を撮り、心からの交流ができたところで、突如何か異変があり、私たちの滞在は終わることになった。何があったのか、はっきりした説明はなかった。ヤズディ教徒にとっては純潔を守るのが何よりも大事で、魂が純粋でない人々と長く接触すると穢れると信じている。私たちはそれと知らずに、越えてはならない一線を越えてしまったのかもしれない。

　私たちが立ち去るとき、最初に自分のコンテナに私たちを迎え入れてくれた老人が、私たちの1人が着ていた青いTシャツを見て、いった。「美しい！　残念な色だが」。どうやら、自尊心の強いヤズディのクルド人は決して青を着ないらしい。この習わしの起源はよく分からないが、おそらく、最も神聖なマラク・ターウースやタウセ・メレクと呼ばれる孔雀天使の青色より美しくてはいけないとか、青色は大洪水を連想させるとかだろう。ちょうどそのとき、まるで示し合わせたように嵐がやってきて、雨が私たちの疑念と疑問を押し流してくれた。

ヤズディは基本的に一夫一婦制だが、指導者は複数の
妻をめとることもあるようだ。子供は誕生と同時に洗
礼を受け、キリスト教の特定の教会を訪れる行事が催
される。ヤズディの人々は輪廻転生を信じている。彼
らの宗教の儀式は複雑かつ豊かで、洗礼や聖餐式など、
キリスト教の要素もたくさん見られる。

宗教

RELIGIONS

世界的な一神教、祖先崇拝、未知の宗派、秘教中の秘教など、私たちは数多くの宗教に触れ、そのたびにこれらの宗教に共通する一筋の糸を確認できたように思えた。宗教の大いなる神秘とは、難解な意味と解釈の背後に隠されており、自明の言葉を多く弄するよりも、視覚的なイメージから浮かび上がってくるもののように思う。そもそも宗教は根源的な疑問に答えてくれるわけではないが、その代わり、宗教を意味する英語の語源になったラテン語の言葉をその定義としてきた。すなわち、慈愛、文化、信仰だ。私たちにとって特に魅力的なものの中に、小規模なグループが信仰するマイナーな宗教がある。そうした宗教は文化や地域社会の要となり、少数民族の存続を約束する社会的な絆になる。

　その一例が、インドのタミルナードゥ州の山地に暮らすトダ人に見られる。彼らは宗教を通じて自分たちが暮らす環境と親密な交流関係を築いている。彼らにとって、水牛はこの集団の生命線たる乳を出す神聖な動物だ。あらゆる儀式や祝賀に使われるだけでなく、信徒しか口にできない神聖な食料を生み出す源だ。同じことは純粋なアニミズムに帰依するインドネシアのコディの人々についてもいえる。彼らは、あらゆる物体、植物、天候には超自然的な霊が宿り、祖先は永遠に子孫の家の中で生き続けると信じている。アルメニアの地方にはモロカン派というロシア系民族集団がいくつかの小さな集落を作って暮らしており、彼らの社会で深い信仰にまつわる面白い体験ができた。彼らの宗教は社会の礎<ruby>礎<rt>いしずえ</rt></ruby>として、完全に政府に成り代わって行政全般を担っている。

　私たちが目にした一握りの信者しかいない奥地の宗教は、決して高度に発達した宗教の劣化版などではない。主流の宗教と同格の、魅力的で感情に訴える力を備えている。

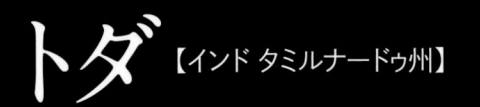

トダ 【インド タミルナードゥ州】

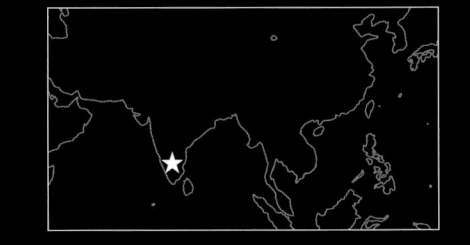

牛乳

milk

タミルナードゥ州ニーラギリ県は多民族国家インドが見せるさまざまな顔の1つで、私たちがトダ人と出会ったのもタミルナードゥ州だ。タミルナードゥ州にそびえる山脈は標高が2000メートルに達し、丘陵地帯は茶畑に覆われてエメラルドグリーンに輝く。現地語でムンドと呼ばれる集落は小さいものばかりで、そこには、藁で作ったカマボコ形の屋根に覆われた3〜7軒の伝統的住居が立ち並ぶ。この不思議な建物の写真を撮っていると、白髪が混じる長い髪を2つに編んだ年配の女性がやって来た。この髪はトダの女性の伝統的なヘアスタイルだ。ドラビダ語族に属する方言で彼女は気さくに話しかけてきて、自分の家に招待してくれた。幸運にも彼女のジェスチャーが理解でき、彼女の後に続いて小さな正方形の入り口を通って家の中に入った。入り口が小さいのは間違いなく家畜を締め出し、厳しい気候に耐えるための工夫だ。彼女は壁にかかっている子供や孫の写真を何枚か、誇らしげに見せてくれた。そのうちの1枚は家族の集合写真だった。彼女を含めて全員が民族衣装のプクールで着飾っていた。プクールはトダの女性たちがこしらえる白い綿の外套で、トダ特有の図案が赤と黒の糸できれいに刺繍されている。彼女は私たちについてくるように手招きすると、家と家の間で黙々と草を食む水牛のところへ案内した。トダ人の文化は水牛を中心に回っている。彼らは水牛を繁殖させ、水牛から乳を搾り、乳製品を作る。

　トダ人に伝わる神話によれば、女神テイキルシと
その兄弟が最初に神聖な水牛を、続いてトダの始祖
を作ったという。その日ずっと私たちは集落に暮ら
す人々の話に耳を傾けた。彼らは自分たちの厳格な
伝統やしきたりに従って生活するのがいかに難しい
か説明しようとした。彼らは厳格な菜食主義を守る
だけでなく、自分たちの土地で栽培された食材で
作った料理しか口にしない。橋を渡ることは禁止さ
れているため、川の対岸へ行くときは、川の中を歩
くか泳ぐかしなければならない。あらゆる履物が禁
止されている。これは絶対に従わなければならない
戒律の一部にすぎない。

　集落内部の道徳的規範を司るのは酪農夫を兼ねた司祭だ。この者は生涯独身を貫き、集落の誰とも接触せずに生活する。自らの務めとトダの儀式に不可欠な乳を穢さず、神聖な状態を保つために、他の者が立ち入れない特別な場所に1人で暮らす。不自由そうに思えるのだが、私たちにトダの考えや思想を話してくれた家族は、自分たちの文化をとても大切にし、それを誇りに思っていた。

　彼らはトダの小さな社会、すなわち、外部世界を席巻する画一化の波に飲み込まれない真の抵抗者としてのアイデンティティを断固守り抜くつもりなのだ。

166

トダの集落には家が多くても7軒しかない。樽を半分にしたような形の家が、アーチ形ないし円錐形の神殿の周りに立っている。トダはごく小規模な集団ながら、独特な慣習や伝統と民族学的な特異性から人類学者の注目を集めている。

コディ【インドネシア スンバ島】

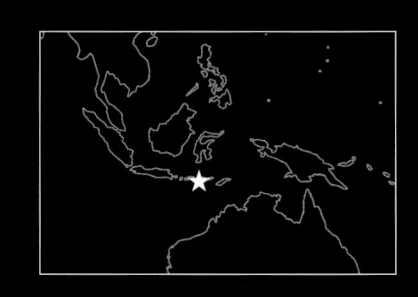

　　古くからある集落に着いたのは夜遅くだった。群青色の空に、高床式住居の長く尖（とが）った藁の屋根がそびえていた。私たちがこれから滞在する伝統的な住居は3層構造で、各層にコディの人々にとって象徴的で重要な意味がある。一番下の層であるウマ・ダルは高床式住居の床の下に広がる空間で、住居を地面から持ち上げている主柱の間を動物たちが鳴きながら昼も夜も動き回っている。その上の高床がバガと呼ばれる主階で、生活空間として使われ、私たちはそこで寝起きし、くつろぎ、食事を取ることになった。バガの上にはラブ・バガという、いわば屋根裏部屋があり、そこに先祖と神々が住まい、先祖伝来の家宝や神器が保管されている。この3層構造が人と神々との調和を象徴している。床に敷いたござに座るようにと主人が勧めてきた。てっきり夕食が出てくるのかと思いきや、コディの人々の夜は長かった。私たちを座らせたのは、今後数日間この集落に滞在する許可を与える特別な儀式を始めるためだった。

　集落のしきたりは厳格に守られ、住居も伝統的だが、家族一同の服装は西洋風だった。何人かは首に十字架をかけていた。いぶかしむ私たちにガイドが笑いかけ、コディの人々にとって、すべての根幹には伝統があり、マラプが万物と人を支配していると説明して安心させた。マラプとは、先祖、霊魂あるいは神々など、この世のものでない力全般を指す言葉だ。最初はこの言葉を理解するのに手こずった。というのも何でもこの一言で済ませられるので混乱してしまうのだ。

　コディの人々にとって死とは、ただマラプの楽園に到達し、精霊の世界に入ることでしかない。先祖の霊は常に生きている者たちを見つめており、生きている者たちは先祖の霊を常に感じている。そのため現世と精霊の世界を行き来するのは特別なことではない。だからこそ、あらゆる儀式は、マラプとの調和と安らかな結びつきを保つために行われる。

　家族の長が主階の床の角にしゃがみ、生贄（いけにえ）の動物を待つ。台所の中心では、他の者たちが私たちの滞在の是非を占うための黒い羽毛の鶏の喉を掻（か）き切る。鶏の血は大きな椀（わん）に集められ、内臓は切り取られて吉凶を占うために調べられた。それから何度も家族内で話し合いが行われた。長いこと待たされたが、最終的にマラプは私たちがいても構わないとの意見を表明した。私たちは滞在を許可され、生贄になった鶏を夕食に食べた。家族は家族で自分たちのために取っておいた別の白い羽毛の鶏を食べる。スンバ島に深く根づいた伝統は文字通りあらゆる力をもって私たちを歓迎してくれた。

　儀式が終わり、私たちが床に就いたときには、真夜中をとうに過ぎていた。家族の長が私たちの脇で伸びをし、私たちが寝ている間に見た夢を起きたら教えるようといった。この集落では誰もが知っている。マラプが夢を通して人間に語りかけてくるのは、よくあることなのだ。

伝統的なコディの住居は木と竹で作られる。高床式の
建物を支える主柱の基部には石の輪がはめられ、多産
と男女の和合を象徴している。家の要であり、太陽の
象徴とされる囲炉裏は必ず家の中心に置かれる。高く
尖った屋根には藁やヤシの枝が葺かれている。

コディの集落は先祖の墓や生贄のための祭壇が置かれた広場を丸く囲むように広がっている。氏族ごとにルマ・アダトも置かれる。これは一般的な住居とは違う作りの特別な建物で、精霊がここで休み、祭事や鎮魂の儀式に使う神器が保管される。

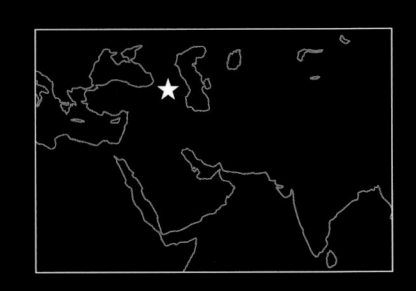

モロカン派

【アルメニア レルモントボとフィオレトボ集落】

faith

初めて私たちを迎え入れるに当たっては、モロカン派の人々の間で喧々囂々の議論があったようだった。集落に入る許可は住民全体の総意で与えるもので、私たちと目の合った女性や子供が一目散に逃げて柵や窓の背後に隠れるのを見ると、どれほど長くて面倒な議論があったのか見当がついた。普通は外国人を自分たちの家に入れたり、住民の写真や映像を撮らせたりしない社会で、私たちは初めて迎え入れられたゲストとなった。

アルメニア北部の都市ディリジャンとバナゾルの間にある小さくて知られていないこの場所は、地上の楽園のように見えた。白銀に輝くキャベツ畑と風に揺れる樺の木立、それがほぼ2世紀前にアルメニアの中心部に建設されたこのロシア人集落の風景だ。長年にわたる文化的弾圧、1988年の悲惨な大地震、ソビエト連邦の崩壊を経て、モロカン派はようやく古くからの伝統に従って、抑圧されることなく平和に暮らせるようになった。元々は22の集落があったものの、今では2つの集落に500人弱のモロカン派が暮らすだけになっている。「牛乳を飲む人々」とも呼ばれ、ロシア語しか話さない。肌は青白いが頬は赤い。男性たちは長いあごひげが顔の一部になっていて、結婚している女性たちは頭にカラフルなスカーフをかぶる。私たちに寝食を提供してくれる女性はナターシャといい、彼女が私たちの寝室となる質素な部屋を見せてくれたとき、家の中のどのテーブルにもいくつもの聖書が置かれているのに気づいた。

　その日は日曜日で、集落の全員が安息日を守った。彼らロシア正教会の一派はロシア皇帝ニコライ1世によって辺境に追放されるが、アルメニアに新天地を見つけて新しいアイデンティティを確立した。温かいキャベツスープのにおいが家々と広場に広がる。酒類はライ麦から作るクワスという伝統的な飲み物くらいしかない。タバコは教義的には禁じられているが、住民どうしの絆を保つのに使われている。夜明けの光が差す頃には牛の鳴き声が牧草地から聞こえ始める。集落のすべての牛は1つの群れとしてまとめて管理され、自分たちで自然と列になって集落の未舗装の道を黙々と歩く。

　ナターシャがシンプルながら、おいしい朝食を用意してくれた。食事をしながら、彼女がこの集落のことを話してくれるのを聞いた。離婚と中絶は禁じられ、司祭は集落の指導者であるだけでなく、裁判官としての役割も担っているという。意見の食い違いや経済的な問題が起こったときは、集落の寄合で満場一致で判断が下される。最近ロシア語学校が1校しかなくなり、問題になっている。レルモントボとフィオレトボの両集落に暮らすこのロシアの文化的飛び地の子供たちの中で、学校に通い続けられた子はほとんどいない。理由の1つは、家族にすべての子供を同時に学校に通わせるだけの経済的余裕がないからだ。

　私たちは常に沸いているサモワールで入れたお茶を飲んだ。素晴らしいお茶だった。そうして私たちはモロカン派が2世紀にわたって守ってきた質素な田園の生活を堪能しようと努めた。彼らのアイデンティティ、多様性、伝統への愛着が生活様式を維持する力になっているのだ。

モロカン派とは元々「牛乳を飲む人々」という意味。日曜日は
安息日で、労働は禁じられている。家畜は専用の囲いや厩舎に
集められ、住民全員が宗教的な集会のために祈祷所に赴く。安
息日に少女たちは雪のように白いブラウスに身を包み、金髪
の子供たちが泥道で遊ぶ。

自然

NATURE

自然はすべてに優先する。神さえも例外ではない。「起源」や「神性」の最たるものが自然であり、だからこそ尊いと高名な哲学者たちは論じている。とはいえ、現代人は自然のとてつもない生命力からだんだんと距離を置き、長きにわたって抗ってきた。おそらく自然を封じ込めて支配し、自然に対する優越を示すことで、世界が滅びに向かっているように見える恐怖を鎮められると考えたのだろう。だが進歩、産業の発達、生活状態の改善を経験して、現代人は自然との関係性を再考し、新しいルールと優先順位を確立する必要があると悟った。インドのラージャスターン州のビシュノイ人は自然と完全に調和した生活を営み、いにしえの人々の宇宙の秩序を復活させられると示してくれた。彼らは戒律と環境に対する厳格な倫理観ゆえに、自らの命を犠牲にすることさえある。それは命あるものすべてを守ろうとする究極の試みだ。

アルナーチャル・プラデーシュ州に住むワンチョの戦士も環境と絶対的に調和して暮らしていた。彼らは自然界にあるすべての資源を敬い、神聖なものと考えている。神秘的な力や心霊的な力は自然の要素に由来すると信じ、こうした自然の要素には、この世に生まれた者の名前を承認し、彼らの存在に祝福を与える権限があるとする。その次に私たちはバヌアツ人の美しさに触れた。バヌアツ人は南太平洋の離島に暮らす、豊かなもてなしの心を持つ人たちだ。彼らは大地に社会的な意味と宗教的な意味を与え、それを知識や美徳、農業技術とともに自らのアイデンティティ強化に必要な資源として将来の世代に継承する。自然は危機感をもって考えなければならないテーマだと私たちは認識している。価値判断の基準が曖昧になり、創造性が乏しくなっている混迷の時代にあって、これらの少数民族が新しい、魅力的な視点を示してくれると信じたい。

ビシュノイ 【インド ラージャスターン州】

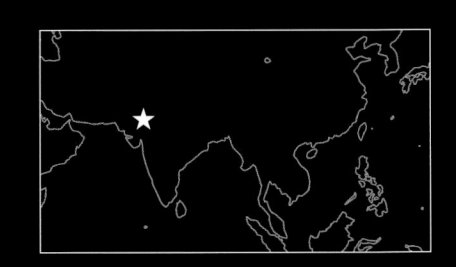

人々が多様な生活を営み、さまざまな人生観を持ち、いろいろな風習が共存するインドは、人類のノアの箱舟のようなものだ。そのインドでも特に極端な例がビシュノイの社会だ。一見しただけでは、何の変哲もない集団だと見過ごされるか、ヒンズー教の一派だと思われるかもしれない。しかし彼らの倫理観、文化、宗教をよく見てみると、かなり興味深い民族集団だと分かる。彼らは究極のエコロジストであり、人間のみならず生きとし生けるものすべてを平等に扱うという普遍的な概念を実践している。ビシュノイ人の多くは現代社会に溶け込んでいるが、古くから続く厳格な戒律に従って生活している。

彼らが住むラージャスターン州は荒涼とした土地で、絶えず飢饉（ききん）に見舞われてきた。遠い昔、後のビシュノイの始祖となるジャンベシュワール導師が現れ、環境のバランスが崩れているのはすべて人間が自然に干渉しているせいだとビシュノイの人々に訴えた。人間のよこしまで近視眼的な行為が自然の力、生態系、生命のエネルギーを弱めているのだと。ジャンベシュワール導師は地元社会の環境への意識を高めることに尽力した聡明な説教師で、環境に寄り添い、一連の現実的な規律に従った生活を送るようにビシュノイの人々に勧めた。その戦略は功を奏し、ビシュノイ人は生活様式を改めた。何世紀にもわたって、信者たちは西タール砂漠に立つジャンベシュワール導師の霊廟の脇にあるサムラタル砂丘へ登るたびに、少しずつ砂を砂丘に運んだ。砂丘はだんだんと大きくなっていき、やがて農作物や彼らが愛するケジリの木を砂漠の熱風から守るほどに高くなった。

彼らの集落に行き、集落の人に招かれて訪ねたのは、こざっぱりとして風通しが良い家だった。家には土間があり、壁は牛の糞で塗り固められていた。家の人たちは私たちを笑顔で迎えてくれた。それは真摯に誇りを持って命を慈しみ、それを喜ぶ姿勢の表れだった。

　ビシュノイは29という意味で、これは社会の全員が従わなければならない戒律の数を表している。29ある戒律のうち、9つは人々の衛生面や健康に関するもの、5つが生活における精霊や神に関するもの、7つが健全な社会行動に関する倫理的なもの、8つが生物の多様性の保全とともに動物をはじめとする生きとし生けるものの命を尊重することに関するものだ。

　私たちをもてなしてくれた男性は、自分たちビシュノイの伝説の殉教者（じゅんきょうしゃ）の名を暗唱できる。例えば、珍しいケジリの木が切り倒されるのを阻止しようとして幹に腕を回したまま死んだ者たちや、チンカラという美しいガゼルの一種を他民族の狩人から守ろうとして殺された者たちがいる。殉教者たちの話を聞いていると、日々世界の環境を救おうといっている私たちの言動がいかに薄っぺらいものであるか、地球がすべての命あるものを支えているという考えがいかに驚くべきことであるかと思わざるをえない。

ワンチョ・ナガ

【インド アルナーチャル・プラデーシュ州】

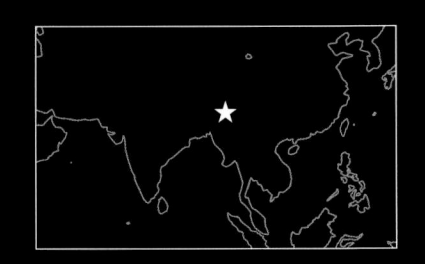

自然

198

名前

the name

　インド北東部のアルナーチャル・プラデーシュ州にあるワンチョ人の集落は、今でも自然と完全に共存している貴重な農業社会の生きた博物館だ。彼らの集落では古くからのアニミズムの信仰が実践され、親から子へと口伝でしか受け継がれない言葉を話す。多くの集落がバプテストやカトリックといった信仰を受け入れるなか、ロンハウ集落は古くからの伝統宗教を捨てるのを拒み続け、本来のワンチョ文化のDNAが多く残っている。ここでは長老会議が今も開かれ、かつて凄腕の首狩りとして鳴らした祖父や父親が最も偉いとされる。どれほど自然に対して敬意を払っているかが名前と名付けの過程に現れている。

　彼らの名前にまつわる風習を年配の首長が説明してくれた。自然から名前が認められるまで、生まれたばかりの子供を名前で呼んではならない。名前に関することはすべて女性の役目で、集落の近くを流れる川へ行って新しく集落に加わった子供の名前を伝え、自然からの加護を待つのは老婆でなければならない。もう１つの名前にまつわる伝統として、ワンチョの人々は全員が２つの名前を持つ。１つは日常使う名前、もう１つはその人の本当の名前とされるもので、後者は両親や近親者しか知らず、その人の葬儀のときと死後にしか使えないものだ。別の年長者がかさかさしたしわだらけの手で入れ墨をした顔をこすりながら、言葉を慎重に選んで、それまでに存在していない言葉がどのように生み出されるのかを話してくれた。

その年長者がいうには、ワンチョの世界では、言葉として語られたことは、すべて現実になる。したがって、自分たちの言語を守り、次の世代に継承することを非常に重視し、大きな注意を払う。

ワンチョの祖先は何世紀も前にモンゴルから中国やミャンマーを越えて、アルナーチャル・プラデーシュの地に根づいたため、インド亜大陸に住む他の人々と一切共通するところがない。彼らの古いいい伝えによると、祖先はひどい大洪水や月と太陽のいがみ合いから逃れてきたという。月と太陽はどちらも熱くぎらぎらと輝き、祖先は生活するのに困ってしまっていた。そこである日、1人の戦士が洪水の泥を使って月を冷やし、月からの熱を抑えたという。

私たちをもてなしてくれた家では、居間の立派な壁に飾られた動物のトーテムや数人の祖先の形見とともに、場違いに見える今風の時計が置かれ、チクタクと時を刻んでいる。そばにいた年配の女性が数人の子供たちに、私たちには分からない言葉をささやく。大人たちは畑で彼らの主食である米などの穀物、野菜、芋、トウモロコシの栽培に精を出す。

私たちは考えてみた。これからワンチョの人々の中で、新しい言葉がどれくらい生まれ、どれくらいの新しい名前が川のほとりで決められるだろうか。おそらくだんだんと減っていくだろう。やがて英語やヒンディー語に取って代わられ、子供たちには映画やテレビ番組のヒーローの名前がつけられるようになる。どこでも一緒だ。しかし少なくともこの集落では、そうならないような気もする。

ワンチョ・ナガ

203

アルナーチャル・プラデーシュ州で多数派を占めるナガ人はいくつかの亜集団に分かれている。そこに含まれる誇り高く恐れ知らずのワンチョとノクテは外からの侵略者に絶えず抗い、一切屈しなかった。家族の歴史が大きなクモの巣状の文様に描かれ、それが円形住居の玄関を埋め尽くしている。家は複雑な支柱構造のおかげで、人を寄せつけない傾斜地でも崩れずに立っていられる。

ワンチョは氏族の長と長老会議が治めている。氏族内での結婚は禁止され、子供たちは男子と女子に分かれて専用の小屋で暮らしながら、仕事や社会の人間関係のルールについて年長者から学ぶ。男性たちはたくさんの入れ墨を施し、ふんどししか締めていない。女性は独特な図柄の短いスカートを履き、たくさんの宝石と派手なネックレスで飾っている。

こうした古くから住んでいる民族集団が人を寄せつけ
ない険峻な地域を支配しているが、近年のアルナー
チャル・プラデーシュ州は軍事的にかなり物騒な状態
だ。この地域の領有をめぐって、インドと中国の国境
紛争が解決していないのだ。ティラップの森に入るに
は特別な許可証が必要だが、そのせいで孤立が進み、
少数民族の伝統や文化的遺産が保存された。民族の違
いを反映して、それぞれに異なる儀式、風習、祭祀が
豊かに残り、今でも盛んに行われている。

他のナガ人の亜集団と違って、多くのワンチョとノクテの
人々は現在もアニミズムを続け、ラングとブアラングという2
柱の偉大な神を崇めている。首狩りの風習も最近まで続いて
いたらしく、敵の首が戦利品として残されている。その多くは
森に隠してあるので政府軍も廃棄できない。また、戦士の体を
飾る入れ墨の柄に首狩りの伝統を見ることもできる。

バヌアツ 【バヌアツ ニューヘブリディーズ諸島】

土地
land

周りを海に囲まれて暮らしているのに、風習がこれほど土地に深く結びついているのに、風習がこれほど土地に深く結びついている民族も珍しい。土地との結びつきが、多雨林と火山と深海が織りなす楽園に住む人々の生活と文化のあらゆる側面に現れている。ニ・バヌアツ（バヌアツの人を意味する現地語）のほぼ全員が農民で、小さな農村で暮らす。集落の中心は土地だ。土地の価値、土地が生み出す象徴、土地が求める作業、土地から生まれる食物、それらを中心に集落は回っている。畑の管理は先祖伝来の風習に従い、伝統的な血縁制度の中で行われる。彼らにとって土地は、経済的資源や与えられた権利というより、贈り物であり、人とその歴史から生じる霊的、超自然的なものの表れであるとされる。この魅惑の島々に暮らす人々はまさに土地を通して、土地から命、健康、幸福がもたらされる機会を通して、精霊と神々、過去と現在、祖先と新しく生まれる世代の間のつながりを表現しているのかもしれない。

植民地支配や宣教師によってこの島に数々の重大な変化が起こり、土地や農園を経済的に支配され、長期の賃貸契約を課されもした。それでもバヌアツの人々と土地の関係は失われなかったようだ。伝統的な農暦に関する彼らの幅広い経験、土地にまつわる歴史、彼らの起源に関する伝説、在来の動植物に関する知識は、新しい形の誇りや生活様式の中で大切にされている。バヌアツ人の文化に対する意識を理解するにつれて、彼らへの好意が募っていった。

　私たちが特に感銘を受けたのは、バヌアツ人がカ
ストムを守るために日々、積極的な抵抗を実践して
いる点だ。カストムとは、人間と自然のある種の霊的
交流で、彼ら独自のアニミズムに基づく伝統文化で
ある。祭祀はバヌアツ人にとって極めて重要で、結婚
式、収穫を神に感謝する儀式、死者を弔う儀式、社会
的地位の上昇、割礼（かつれい）、和解の祝いなどが行われる。私
たちが訪れた集落の家では、素朴ながら温かいもて
なしを受けた。各集落は四方を海に守られ、外敵の侵
入に対する警戒も容易だ。集団間には社会支援ネッ
トワークが構築され、各集落の存続を助けている。物
質社会とほぼ無縁なこの場所では、今でも質の高い
生活を営み、個人の幸福を高められるのを感じた。

女性の立ち入りができないナカマルは男性た
ちが集まって親睦を深めるクラブのような場
所で、社会についての重要な決定もここで行わ
れる。こうした集まりに南太平洋諸島の代表的
な飲み物であるカバは欠かせない。若干の麻酔

バヌアツ共和国の島の1つに住む少数民族ムボットゴテの女性たちが、ココナッツを潰してヤムイモのペーストに風味をつけている。ヤムイモは巨大な塊茎で、バヌアツの人々の主食だ。ヤムイモの生地を料理する間、ココナッツの汁がその場にいる人全員に振る舞われる。

アンブリム島で行われる、マーゲという社会的地位の
上昇を祝う儀式と呪術とが組み合わさった一連の伝統
的祭祀。この文化において祭りは極めて重要で、祭り
が行われる神聖な場所の美しさは一瞬で人を虜にす
る。そこは、はるか昔に先祖によって祭りを行う場所
と定められた。

自然

バヌアツ人は自生の植物や薬草の薬効成分とともに黒
魔術と白魔術の技を大変重視している。全身をカモフ
ラージュした戦士が地面に深く掘った穴から突然飛び
出し、「精霊を捕らえる」黒魔術の技を使う。

ロムという華やかなダンスを踊る男性たちは、木と植物の繊維で作った円錐形の立派な仮面をつけ、体を鮮やかな色でペイントして、全身を覆うほど大きなバナナの葉のマントを羽織る。この儀式は共同体の男性が社会的地位の上昇を望むときに行われる。

バヌアツ人の彫刻の腕はバヌアツの島々随一と
いわれるが、その中でもアンブリム島の住民が
特に優れているとの評判だ。森の少し開けた場
所に、木を削って作られたタムタムという祭器
が数十本、空き地を囲むように立っている。タム
タムは木の幹の一部を空洞にし、伝説に出てく
る人間の顔や動物の彫刻で飾ったものだ。

カストムを守る集落ではバヌアツ人が今も伝統的な生活を送る。女性が身につけるのは葉で作られた短いスカートのみ、男性もナンバという藁を編んで作ったペニスケースをつけているだけだ。

大型の共同住宅に加えて、大木のてっぺんに葉と木でできた小屋がいくつも作られている。ほぼ垂直に立てかけた枝と樹皮で作られたはしごを使わなければ出入りできない。

通過儀礼の1つである仲間入りの儀式は女人禁制のナ
カマルで行われる。ナカマルは女性にとって絶対的な
タブーだ。バヌアツ人の言語においても、ポリネシア
語のタプに由来する「タブー」は、「禁止される」とか
「神秘的な」という意味で使われる。タブーはナカマル
への女性の立ち入り禁止の意味合いを適切に表し、彼
らの社会における数少ない規則の1つとなっている。
戦士は足首を音が鳴るアンクレットで飾り、足を動か
して儀式のリズムを取る。

印とシンボル

MARKS AND SYMBOLS

目立ちたい、所属したい、誇示したい、飾りたい、かくありたい。祖先から続く、こうした持って生まれた欲求を形にする格好の場所として、人間は昔から自分の体を使い、ときには自分の体に改変を加えて主張してきた。ただそれは個人的な主張というより、むしろ社会的なものだ。一生消えない装飾や民族のシンボルとして、美しく特徴的な印を人が人に刻む例を私たちはいろいろと見てきた。具体的には、とげ、殻、骨のかけら、植物の茎など伝統的な手法で施す入れ墨や、わざとケロイド状にする傷とともに、動物の角や骨、羽毛、植物の新芽や花で作る挿入物がある。

多くの少数民族において、こうした印は、それを帯びている人物が属している氏族、民族、トーテム集団とか、社会での地位や階級、年齢を示す記号のようなものだ。この章で私たちは、単に印について描写するのではなく、地域の社会生活に参加するために何が必要とされるのかを描写するように努めた。

インドのオリッサ州に暮らすデジア・コンドの女性たちの入れ墨には目を見張った。デジア・コンド人は、入れ墨は悪運を追い払い、トラに襲われる恐怖をはね除け、動物を真似たある種の呪術を通じてその者を守ると信じている。中国雲南省のトゥロン（独竜）族も顔に消えない印を入れる。彼らにとってそれは高潔さと安全の印だ。この印によって、どこの民族集団の誰かを識別でき、ライバル民族による誘拐を防ぐことで民族のアイデンティティを守っている。インドのアルナーチャル・プラデーシュ州に住むアパタニの女性たちは顔に入れ墨を入れ、小鼻の上に栓を差し込んで、見た目を極端に変えている。こうした例は、身体的な苦痛を伴ってもなお、自分が他の誰でもない特別な存在だと示す必要性は決してなくならないこと、そしてその行為は威厳を感じさせるとともに、進化した形で現在も世界の一部として残っていることを示している。

デジア・コンド 【インド オリッサ州】

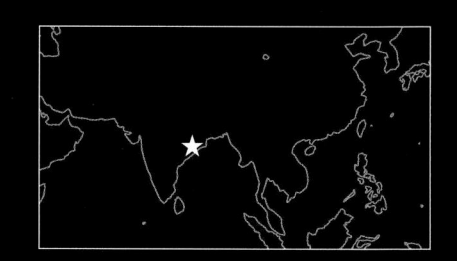

トラ

the tiger

大地が何よりも大事。インド東部のオリッサ州に住むコンド人にとってみれば当然のことだ。彼らが実践する自給自足の農業は今でも地域全体を動かす社会の力となっている。食物、資源、富は地母神からの授かりものであり、その3つはすべて神聖なものだとされる。米、ヒラマメ、さまざまな果物や野菜は、今も昔も家族や一族にとってこれ以上ない貴重な食物だ。そのためかなり最近まで、コンドでは地母神の加護を得るために、メリアーと呼ばれる人身御供が行われていた。現在では水牛などの動物を人間の代わりに生贄にしている。

生贄の祭りに使われる儀式用の柱は伝統的な集落の中心に立っている。多くの風習が徐々に消えつつある今でも、コンドは宗教的なしきたりや伝統的な倫理を無視すると精霊の怒りを買い、旱魃、洪水、貴重な森林の破壊といった大惨事が起こると信じている。

最初のうち、彼らは遠慮がちで内気だった。そのうち親切になり、歓迎の姿勢を見せてくれるようになったが、私たちが集落にいることにまったく慣れず、私たちといるときは、いつも居心地が悪そうだった。簡単に私たちを受け入れてくれたのは地方の定期市のほうで、そこで亜集団によってヘアスタイル、衣装、振る舞いに違いがあることに気づいた。すり切れた質素なサリーをまとい、顔一面に入れ墨を施した数人の女性たちが、興味深げにこちらを見つめていた。それはデジア・コンドの女性たちで、顔の入れ墨は彼らの習わしだ。

最近まで、この地域ではトラがたびたび人を襲ったという。それは邪悪な森の精がトラをけしかけているからに違いないと地元の人間は考えた。こうした恐ろしい災難から身を守るため、デジア・コンドの人々は若い娘たちの顔にトラの縞模様やひげを模した入れ墨を施すようになった。これで娘たちを守れると考えたのだ。見事な入れ墨が施された女性たちを見かけたが、その多くが私たちに見られて恥ずかしそうにしていた。

活気ある定期市で、コンド人のさまざまな亜集団の女性たちが頭に大きな籠を載せて、堂々と歩き回っている姿を何度も見た。鮮やかなイヤリング、鼻リング、金属製の髪留め、花、ビーズ、服の生地の色が果物や野菜の色と混じり合い、あたりに漂うターメリックの芳醇な香りに包まれる。ドングリア・コンドの人々は、この香辛料を栽培し、それを原料にいろいろと健康に良い粉薬を作る民族集団として有名で、彼らが住む土地の丘陵の斜面や山地に自生する薬効植物についての知識を代々受け継いでいる。彼ら一族の名は「山」を意味する「ドンガル」に由来するとされている。しかし彼ら自身は自分たちをジャルニア、川の守護者だという。

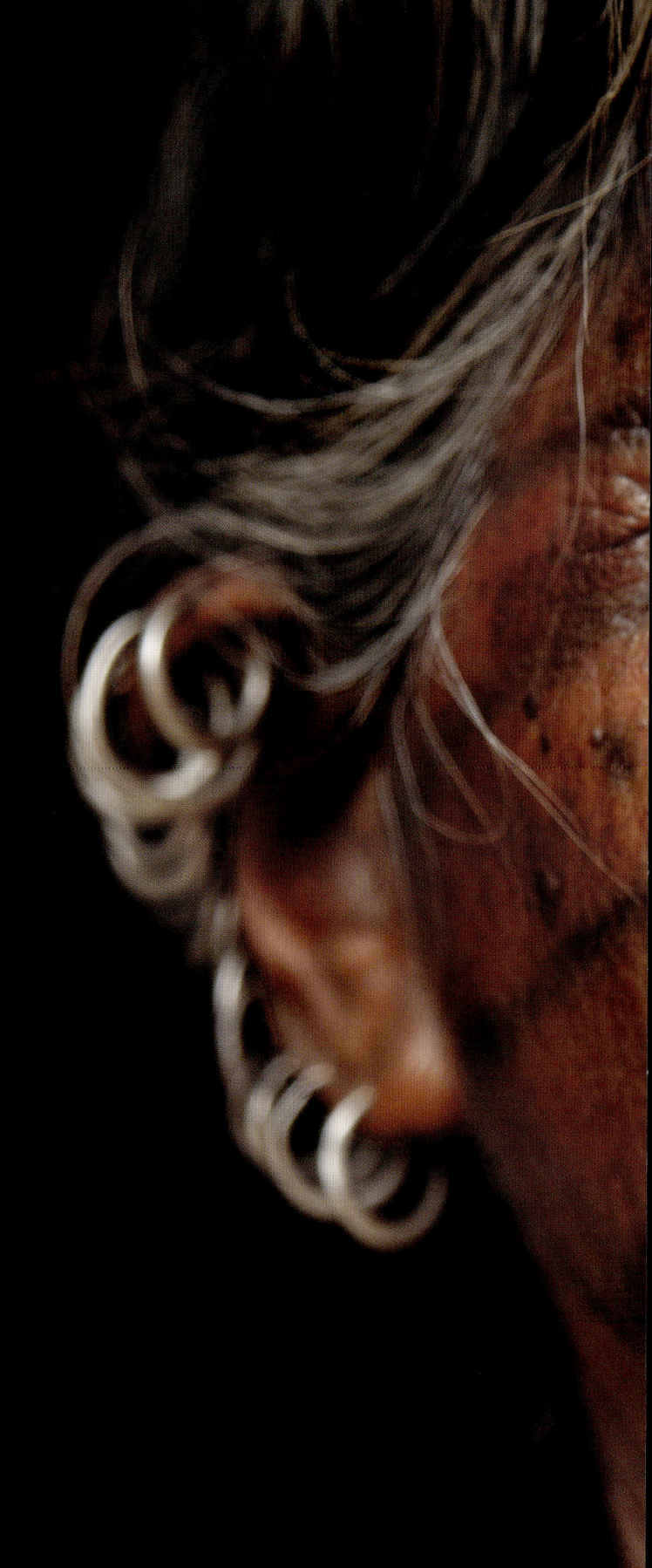

コンドの社会では、女性は男性と同等の社会的利益を
享受し、財産の相続と所有、夫の選択、離婚の請求を
行う権利がある。ただし家族制度そのものは、父方の
血筋を基礎とする父系制である。それぞれの氏族は同
じ名前を共有し、その中で最も有力な家族の男子の年
長者が一族を司る。

トゥロン【中国 雲南省】

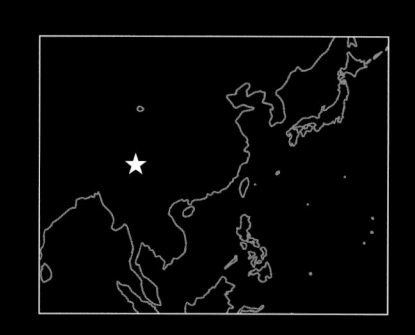

正直
honesty

トゥロン（独竜）族に伝わることわざがある。夜に戸締まりをする必要はない、なぜなら道のそばに落とし物があっても誰も取らないのだから。最初は変わったことをいうものだと感じたが、集落に来る途中で何気なく見た光景を思い出した。集落へ通じる曲がりくねった道沿いにさまざまなものが置かれていたのだ。確かに、地面には石を載せた衣類、木の枝には小さな包みがいくつも置かれていた。

私たちが集落に着くと、素朴で社交的な住民たちが両手を胸に当てて私たちを歓迎し、軽くお辞儀してはにかみながら一連の質問を投げかけてきた。ガイドはこれが伝統的な部外者への挨拶だと教えてくれた。丁寧にどこから来たか、これからどこへ向かうのかを尋ねてから、もてなすのが彼らのしきたりなのだ。すぐに彼らが愛してやまない水で薄めた酒とローストした肉とともに、もてなしにはつきもののお茶とタバコが出された。男性も女性も伝統的な衣装はもう着ていない。以前は麻やキルト地で作られたマントを羽織っていたが、今の衣服は中国文化の影響を反映したものに変わり、いわゆる人民帽を好んでかぶっている。

その後間もなく、私たちが到着したと聞きつけた数人の年長者がやってきた。今では少なくなった、顔一面に入れ墨を施したトゥロン族の女性たちだ。この風習は1949年以降、政府によって禁止されたはずなので、彼女らの年齢を考えると、つじつまが合わない。聞いてみると、女性の1人が禁止後に法律違反を承知で父親の遺言を守って入れ墨をしたことを認めた。そのときすでに21歳だった。理由は不明ながら、少女たちは12歳から13歳の間に入れ墨をするのが一般的だった。入れ墨は一族のメンバーである証しだったのかもしれないし、大人になる通過儀礼、敵や侵入者による誘拐や暴行から守る魔除けのようなものだった可能性も否定できない。

　女性たちは、入れ墨をしたときのことは、痛み以外に何も覚えていないと語った。だが先の尖った棒で刺されるときよりも、入れ墨が消えないように、刺したところに煤（すす）や植物の抽出物を塗り込むときのほうが痛かったという。飛んでいる蝶のように見える絵柄の入れ墨も見た。死者の魂は蝶に姿を変える。古い精霊信仰の伝統を受け継ぐトゥロンの人々はそう信じている。蝶の入れ墨はこの信仰を具現化したものだという説もあるが、人目を引くためのロマンチックなデザインにすぎないという意見もある。

　集落を出発する前に、来るときに見かけたものについて聞いてみた。微笑と文字通りに通訳されたかどうか分からない、ひとしきりのやりとりを経て私たちが知ったのは、正直なトゥロンの人たちは、旅するときに道ばたに物品や食料を置いてき、戻ってきたときに回収するということだった。例のことわざどおり、誰も勝手に拾って自分のものにすることはない。おかげで少ない荷物で旅することができ、帰りの道も、必要になったら手に取れるように品々や食べ物が道ばたに置いてあるので楽になる。道の途中に、皆のものであり、誰のものでもないものが思いがけなく待ち受けている。そう考えると、私たちも帰りの旅が楽しくなった。

アパタニ

【インド アルナーチャル・プラデーシュ州】

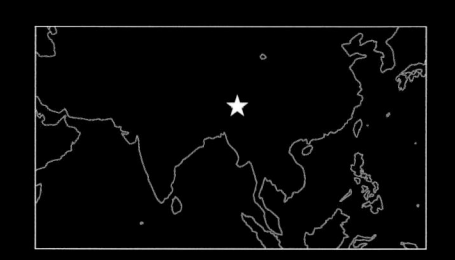

印とシンボル

私たちが旅したとき、ジロ峡谷は水田に張られた水に日光が反射し、鮮やかな青色に輝いていた。大地からは水のにおいがし、深緑の森には明るい桃色の斑点を散らしたように野生のランが咲いていた。ホンはアパタニの人々が居住する最大の集落だ。アパタニは、近隣するニシ人と古くからずっといがみ合っているが、気質は温厚で、もてなしの心に富んでいるとされる。高床式住居が狭い小道を挟んで密集して建っている。火災が起こったときには延焼を防ぐものがないため、犠牲者や深刻な損害が毎年出ている。それでも寄り添って暮らすのはそのほうが安心感が増すからだ。子供たちが狭い路地を気ままに走り回っている。この一種の自治共同体では年長の子供が幼い子供の面倒を見る。

　私たちが集落に到着して間もなく、最初の女性が現れた。アパタニの女性は顔に入れ墨を施し、独特な鼻栓を挿入していることで広く知られる。かなり大きな栓なので顔の印象が完全に変わってしまうほどだ。木製の鼻栓はダトと呼ばれ、子供のうちに小鼻の上側に開けた切り口に挿入する。差し込む円盤をだんだん大きくしていくと、最後には元の鼻の形が分からないほど穴が広がる。鼻栓と、顔全体に縦に引かれる入れ墨の線は顔をわざと醜く見せるために行われている。見た目が醜ければ、近隣民族の戦士も誘拐したり、暴行したりする気が失せるだろうと考えてのことなのだ。時とともに鼻栓と顔の入れ墨の両方がアパタニの特徴となった。現在、このような過去の伝統が見られるのは大人の女性だけで、最近では、少ないながら厄介な伝統の重荷を取り除く手術を受けた人もいる。写真を撮らせてもらうように頼む際は当然断られることも覚悟して慎重を期したが、ガイド役を務める人類学者が仲介してくれたおかげで、拒まれるよりもほほ笑みかけられることのほうが多かった。

占い

divination

　1人の女性が自分の家に来るように何度も誘って
きた。行ってみると、家の片隅でニブと呼ばれる地
元のシャーマンが植物の茎を揺らして占いの儀式を
行っていた。その間、先の女性が「肝臓占い」とで
も呼ぶ占いに使う品々の準備を進めていた。この占
いに欠かせない品の1つがひよこで、かわいそうだが
一瞬のうちに喉を掻き切られ殺された。シャーマン
はすぐにひよこの小さな肝臓を取り出してじっくり
と観察してから味を確かめた。肝臓に影がなければ
占いは吉であり、繁栄とともに、旅行や結婚式をは
じめとする社会的に重要なイベントに関して幸運が
もたらされる。影があった場合には凶ということで、
逆の意味になる。先の女性に何を占ったのか尋ねて
みたところ、彼女は入れ墨をした顔と鼻栓を片手で
覆って、くすくす笑いながら答えた。「あなた方が
やって来たことについてよ。えっ？　分からなかっ
たの？」

ミョコーの祭りはアパタニ人の社会で最も重要なイベントの1つだ。この祭りの費用を負担する人々は社会的地位が格段に上昇するだけでなく、彼らの田畑が豊作になる確率も高くなる。祭りの日取りはニブが決める。ニブはさまざまな占いを行い、生贄の儀式を執り行う。

1960年代にアパタニ人とニシ人が和解したことで、何世紀にもわたってアパタニで行われてきた女性の顔を変形させる伝統の必要はなくなった。女性の鼻に挿入された栓はダトと呼ばれる。近隣の他民族の戦士から女性が暴行を受けたり、さらわれたりしないよう、わざと醜い容貌にするために差し込まれた。

現地で撮影した、自分たちが写っている私的な写真を見るたびに奇妙な不安に襲われる。その世界にじかに触れたはずなのに、自分たちは実際に行ったのだと自らを納得させられる確たる証拠を求めてしまいそうになる。旅で出合った状況の1つ1つに思い出がある。どの思い出も自分だけの愛おしいものだ。しかし、写真は思い出とはまったく別物だ。確かにその場にいたとはっきりと証明するものだが、無神経でもあり、時として暴力的でもある。同じ瞬間でも心象と、カメラで写し取ったイメージとの間には必ず違いが生じる。その違いがかろうじて認識できるくらいの微妙な場合もある。ある色の強さ、ポーズの細かな点、背景から浮いている些末なもの、着ている服の場違いな感じ、こちらの眼差しの奥に潜む底意。写真は常に事実の証明だ。それはこうした私的な舞台裏の写真にも当てはまる。舞台裏の写真を見ると、否応なく自分自身と向き合うことになり、旅の中で自分の内面を見つめたときのことが蘇ってくる。

謝辞

私たちの冒険のガイドを務めてくれた人々
Anand Shripat, Angel by Sumba, Catalin Pascanu,
Daniel Wakra, Dorji Tsedan, Edvinas Pundys,
Gariki Pati Rama Krishna, Idriss Amrani, Karo Serobyan,
Keti Tevzadze, Melka Worku, Paul K. Akakpo,
Raffaele Montagna, Raj Kumar "Prince" Nanda,
Sanjeev Chandra, Scilla Alecci, Srikant Mishra, Vinay Jaiswal,
Zahara Anvar, Jiang "Sissi" Yuan Yuan,
Joaquim Bezerra de Araujo.

本書の執筆を支えてくれた人々
Giordano Gardenghi, Lorenzo Quintarelli, Luca Poggi,
Manuela Paoletti, Matteo Benetti,
Rino e Carloalberto Canobbi, L'Operosa srl,
Paolo e Paolofilippo, Nugari, Roberto Falsini,
Vittorio Kulczycki.

旅の経験を分かち合ったすべての仲間に感謝します

本書において視覚資料・写真の使用を許諾してくださった
各権利所有者に感謝します。

ナショナル ジオグラフィック協会は1888年の設立以来、研究、探検、環境保護など1万2000件を超えるプロジェクトに資金を提供してきました。ナショナル ジオグラフィックパートナーズは、収益の一部をナショナルジオグラフィック協会に還元し、動物や生息地の保護などの活動を支援しています。

日本では日経ナショナル ジオグラフィック社を設立し、1995年に創刊した月刊誌『ナショナル ジオグラフィック日本版』のほか、書籍、ムック、ウェブサイト、SNSなど様々なメディアを通じて、「地球の今」を皆様にお届けしています。

nationalgeographic.jp

Invisible Peoples
世界の少数民族

2019年10月22日　第1版1刷

著者	イアゴ・コラッツァ
	グレタ・ローパ
訳者	竹花秀春
日本語版監修	金丸良子（麗澤大学外国語学部客員教授）
編集	尾崎憲和　葛西陽子
編集協力・制作	リリーフ・システムズ
装丁	田中久子（アンサンブル）
発行者	中村尚哉
発行	日経ナショナル ジオグラフィック社
	〒105-8308　東京都港区虎ノ門4-3-12
発売	日経BPマーケティング
印刷・製本	日経印刷

ISBN978-4-86313-454-6
Printed in Japan

乱丁・落丁本のお取替えは、こちらまでご連絡ください。
https://nkbp.jp/ngbook